Manuel Topographique Et M#dical De L'#tranger Aux Eaux D'aix-en-savoie

Constant Despine

MANUEL

DE L'ÉTRANGER

AUX EAUX D'AIX-EN-SAVOIE.

VUE D'AIX,
DU LAC DU BOURGET ET DU CERCLE DES ÉTRANGERS.

MANUEL

TOPOGRAPHIQUE ET MÉDICAL

DE L'ÉTRANGER AUX EAUX

D'AIX-EN-SAVOIE,

PAR

DOCTEUR-MÉDECIN,

MEMBRE CORRESPONDANT DES ACADÉMIES DE TURIN,
DE SAVOIE, DES SOCIÉTÉS DE MÉDECINE
DE PARIS, LYON, GENÈVE, etc.

NOUVELLE ÉDITION,

REVUE ET AUGMENTÉE D'UN PRÉCIS STATISTIQUE
ET HISTORIQUE SUR LA SAVOIE.

Temple de Diane.

Anneci,

IMPRIMERIE D'AIMÉ BURDET.

1843.

TABLE DES MATIÈRES.

CHAPITRE PREMIER.

APERÇU SUR AIX ET SES ENVIRONS.

CHAPITRE DEUXIÈME.

DES EAUX THERMALES ET MINÉRALES D'AIX.

CHAPITRE TROISIÈME.

DE L'ÉTABLISSEMENT THERMAL.

CHAPITRE QUATRIÈME.

DE L'USAGE DES EAUX THERMALES.

APPENDICE.

AVANT-PROPOS.

Les eaux d'Aix, déjà connues dans les temps les plus reculés, ont acquis, depuis quelques années surtout, une célébrité européenne.

Des constructions importantes, de nombreux changemens dans les appareils, enfin, l'introduction de nouveaux moyens thérapeutiques, ont porté cet Établissement thermal à un tel point de perfection, qu'il est, avec raison, cité comme un Établissement modèle.

Ce qui assure aux eaux d'Aix, une prééminence marquée sur la plupart des autres Établissemens thermaux, c'est que la nature les a douées de la température la plus convenable à l'économie animale.

A Louëch, Carlsbad, Acqui, Lamothe, etc., les eaux, trop brûlantes pour pouvoir être immédiatement employées, sont refroidies au contact de l'air; à Enghien, Harrogate, Schinznach, Uriage, Allevard, leur température se trouvant inférieure à celle qui convient au bain, il faut les chauffer artificiellement; dans l'un et l'autre cas, elles sont exposées à perdre une partie de leurs principes actifs et surtout les gaz qu'elles contiennent. Enfin, presque partout, on est obligé d'élever l'eau, à l'aide de machines, dont le plus léger dérangement peut en arrêter tout-à-coup la distribution.

Les eaux d'Aix, au contraire, jaillissent à mi-côte; et, sans nécessiter des moyens mécaniques, elles peuvent être administrées à tous les degrés de pression, depuis un pied jusqu'à trente. Leur chaleur moyenne, de 45 degrés centigrades (35° Réaumur, 110° Fahrenheit), qu'on peut aisément mitiger, les rend propres à remplir toutes les indications médicales. Leur abondance est telle qu'elles alimentent une centaine de robinets, et que la seule eau dite de *Soufre* fournit, d'après le calcul de Francœur, soixante et douze mille litres par heure. Il faut encore ajouter à ces propriétés la douceur du climat, qui contraste, d'une manière frappante, avec la température froide et l'élévation de la plupart des lieux où jaillissent les autres sources minérales. Ces avantages qui ne se trouvent dans aucun autre Établissement de bains, la modicité des prix, les ressources et les agrémens qu'offre le séjour d'Aix, telles sont, sans doute, les causes de sa prospérité.

Un grand nombre d'ouvrages intéressans ont été publiés sur Aix et ses environs; mais la plupart se sont abstenus de traiter leur sujet sous le rapport médical, ou sont trop étendus pour former un manuel portatif et commode. J'ai tâché de remplir cette lacune par une nouvelle publication, dans laquelle j'ai mis à profit les travaux de mes devanciers et les traditions médicales de ma famille.

Dans les voyages que j'ai entrepris en France, en Angleterre et en Allemagne, pour m'y perfectionner dans la science des Eaux minérales, j'ai eu l'occasion de connaître des médecins et des chimistes distingués, qui ont bien voulu m'honorer de leur amitié et m'aider de leurs lumières. Enfin, l'affluence toujours croissante de baigneurs qui semblent se donner rendez-vous de Lyon, de Paris et des grandes cités italiennes, dans l'une des plus riantes vallées des Alpes, m'a permis de multiplier, à Aix, les observations de médecine pratique. C'est avec ces nombreux documens que j'ai entrepris la seconde édition d'un ouvrage qui a reçu des Sociétés savantes et du public, un accueil auquel j'étais loin de m'attendre. Quelques notes historiques et statistiques sur la Savoie complèteront mon travail. Puisse-t-il être utile à mon pays, agréable à mes confrères, et instructif pour l'étranger; ce sera la plus douce récompense de mes efforts.

ABBAYE D'HAUTE-COMBE.

CHAPITRE I.er

Aperçu général sur Aix et ses environs.

§ 1.er

TOPOGRAPHIE ET STATISTIQUE.

Situation topographique. — La ville d'Aix, située à 45° 38' 58" de latitude, et 3° 34' 40" de longitude Est du méridien de Paris, est placée dans une vallée charmante *, bordée du Nord au Sud par deux chaînes de montagnes.

* Cette vallée, l'une des plus basses de la Savoie, n'est élevée au-dessus de la mer que de 792 pieds.

L'aspect sévère de leurs crêtes dentelées contraste, d'une manière piquante, avec les contours gracieux de la colline sur le penchant de laquelle elle est bâtie.

Sa position géographique entre la Suisse, la France et l'Italie, à 12 lieues de Genève, 20 de Lyon, 14 de Grenoble, 40 de Turin, sur une grande route de poste, en fait un rendez-vous commode pour les étrangers de tous les pays.

La plupart des montagnes qui l'entourent prennent les noms des villages qui leur sont adossés. Les plus remarquables sont : au Nord, celles du Colombier, de S.-Germain et de Corsuet ; au Midi, celles de la Chartreuse et de St.-Thibaud-de-Couz ; à l'Est, celles de Trévignin et de Nivolet (4314)*; à l'Ouest, celles d'Aiguebelette, de l'Epine et du Mont-du-Chat (4980).

Nature du sol. — La plaine présente une étendue de deux lieues de longueur sur une demi-lieue de largeur. Son sol varie ; mais, en général, il est noir, pesant, assez compacte, et doit sa fertilité autant à son arrosement par les eaux thermales, qu'aux justes

* Les chiffres placés entre parenthèses indiquent, en pieds de Roi, la hauteur des montagnes au-dessus du niveau de la mer.

proportions de silice, de chaux, d'alumine et d'*humus*, qui le composent.

La végétation offre une richesse et une vigueur remarquables. Outre un grand nombre d'arbres, tels que tilleuls, peupliers, châtaigniers et noyers, qui acquièrent souvent un volume extraordinaire, le mûrier, le figuier, l'amandier et le pêcher y croissent à plein vent, et produisent des fruits délicieux.

Plusieurs collines sont couvertes de vignobles et de guirlandes de hautins. Les vins les plus estimés sont fournis par les coteaux de Brison, de Touvière, de Couta-Fort et de St.-Innocent.

Météorologie. — Le ciel est beau, le climat très-doux et peu sujet aux grandes variations atmosphériques. Si, parfois, l'été élève la chaleur jusqu'au vingtième, vingt-cinquième et même trentième degré Réaumur, le soleil couchant ramène, tous les soirs, dans la vallée, une brise légère qui tempère les ardeurs du jour.

Le vent du Nord-Est, *la bise*, y règne le plus constamment : il rend l'atmosphère pure, d'une température agréable, ni trop sèche, ni trop humide. Le vent du Midi, appelé simplement *le vent*, amène la pluie ; celui du Sud-Ouest, ou *la traverse*, la tempête et l'orage.

L'élévation moyenne du baromètre est de vingt-sept pouces, deux lignes. Dans les temps où se manifestent des changemens subits dans la densité de l'air, la colonne barométrique s'abaisse rarement de plus de trois à quatre lignes, dans les vingt-quatre heures.

Salubrité. — Une preuve de la salubrité du climat est la longévité dont jouissent les habitans d'Aix. On rencontre parmi eux beaucoup d'octogénaires. L'eau destinée à la boisson ne contribue pas moins à la santé que l'air ; elle est légère, limpide et agréable.

Il ne règne à Aix aucune maladie endémique. On n'y voit ni goître, ni crétinisme, ni scrophules. Les épizooties y sont fort rares. On ne se souvient pas d'y avoir vu d'épidémies pestilentielles, et le Dr Cabias assure qu'en 1564, lorsque la peste étendait ses ravages sur les vallées environnantes, la ville fut préservée de ce fléau. Les gens du peuple qui sont employés à administrer les douches, sont doués d'une constitution si robuste qu'ils ne souffrent presque jamais des transitions brusques de température inséparables de leur état. La phthisie et en général les maladies des organes respiratoires y sont peut-être moins fréquentes qu'en aucune autre vallée des Alpes.

Population. — D'après les travaux publiés en 1839, par la Commission supérieure de statistique des Etats Sardes, la ville d'Aix, qui, au commencement du siècle, comptait au plus mille ames, renferme actuellement 511 maisons, 696 familles et 3,566 habitans.

« *L'étranger*, dit Francoeur, dans sa Notice sur les bains d'Aix, *trouve auprès des habitans une grande bienveillance. Le Savoyard est bon et honnête, cordial et hospitalier.* » Tel est, en effet, le caractère général de la nation ; et si, comme le pensait Buffon, il existe une heureuse harmonie entre les mœurs et les climats, si l'influence d'un ciel pur et riant adoucit le naturel de l'homme, ne soyons pas étonnés qu'à Aix les mœurs soient douces et qu'on y respire le bonheur.

Industrie locale. — Les ressources de l'industrie locale sont toutes relatives aux bains et à la culture des terres. Désireux de satisfaire l'étranger qu'attire la réputation de ses Eaux, l'habitant d'Aix s'efforce de lui procurer tout ce qui contribue à son bien-être et à son agrément. Plus de cinquante hôtels et maisons garnies, des tables d'hôte à toute heure du jour, des pensions à tout prix, fournissent à la classe aisée les moyens de régler sa dépense, suivant ses désirs ; tandis que le pauvre trouve des logemens à prix fixe et peu chers. En outre, de nombreux moyens de distraction sont prodigués aux malades; ainsi, l'on peut se procurer à des prix modérés, des calèches et des chars pour la promenade; des guides, des montures à âne et à cheval, pour les courses de montagne. On trouve également en ville des magasins d'étoffes et de modes bien assortis; des abonnemens de lecture; enfin le bateau à vapeur, qui part journellement pour Lyon et s'y rend d'Aix en 9 heures, fait, tous les dimanches, le tour du lac et s'arrête le temps nécessaire pour visiter Haute-Combe.

Cercle des étrangers. — Un Cercle ou *Casino* a été établi, depuis peu d'années, dans l'ancien Château d'Aix, et l'étranger y est admis, moyennant un abonnement modique. * Plusieurs salons richement décorés, un café, des

* PRIX DE L'ABONNEMENT AU CERCLE D'AIX.

Un homme,	20 f.
Une dame,	10
Une mère et sa fille non mariée,	15
Une deuxième demoiselle, et un plus grand nombre, pour chacune,	4
Un père et son fils,	30
Un deuxième fils, et un plus grand nombre, pour chacun,	5
Les enfans au-dessous de 10 ans, présentés par leurs parens, ne paient point.	

jardins, des bosquets, y réunissent chaque jour la société la plus brillante. On y trouve une bibliothèque, les journaux du pays, ceux de France et d'Angleterre; des jeux de billard, de cartes, d'échecs; des instrumens de musique, tels que piano, guitare, etc., et une petite salle de spectacle. On y trouve aussi un bureau de renseignemens, où les étrangers peuvent prendre toutes les informations qu'ils désirent, tant sur la ville, que sur ses environs.

Une compagnie d'artistes parisiens, engagée pour la saison des Eaux, donne journellement des concerts et fournit l'occasion de danser presque tous les soirs. Enfin, chaque dimanche, ont lieu des bals d'invitation, où les habitans de Chambéri et autres villes voisines, viennent se mêler aux étrangers et prendre part à leurs plaisirs.

§ 2me

ENVIRONS D'AIX.

Si la ville offre à l'étranger des moyens de se distraire, les environs lui présentent aussi de tous côtés des ressources fécondes pour occuper ses loisirs.

Chasse et pêche. — La chasse et la pêche promettent beaucoup d'agrément à ceux qui aiment ce genre d'exercice. D'une part, la montagne nourrit des *bécasses*, des *perdrix rouges*, des *faisans ;* les collines, des *lièvres*, des *cailles*, *rois de cailles ;* le bord du lac du Bourget, des *canards sauvages*, des *poules-d'eau*, des *grèbes*, des *rales*, des *loutres*, etc. ; d'autre part, le lac, les eaux et les rivières adjacentes fournissent une grande variété de poissons, dont voici le tableau.

POISSONS.

	NOMS FRANÇAIS.	NOMS LATINS.	NOMS VULGAIRES	OBSERVATIONS.
1	Lavaret.	*Coregonus Lavaretus.*	Lavaret.	Le lac.
2	Truite.	*Salmo Fario.* [LIN.	Truite.	
3	Truite saumonée.	— *Truta.* —		
4	— saumonée noire.	— *Alpinus.* —	Truite des Alpes.	Chéran.
5	Omble-Chevalier.	— *Umbla.* —	Ombre-Chevalier.	
6	Carpeau.	— *Carpio.* —	Carpot.	
7	Lotte.	*Gadus Lota.* —	Lotte.	Le lac.
8	Brochet.	*Esox Lucius.* —	Brochet.	
9	Alose.	*Clupea Alosa.* —	Alousaz.	
10	Perche.	*Perca fluvialis.*	Perche.	
11	Carpe.	*Cyprinus Carp.*	Carpe.	Lac et la Daisse.
12	Cyprin spéculaire.	— *Specularis.* —	Carpe rosière.	
13	Barbeau.	— *Barbus.* —	Barbot.	
14	Tanche.	— *Tinca.* —	Tanche.	
15	Brême.	— *Brama.* —	Brémaz.	
16	Goujon.	— *Gobio.* —	Goujon gras.	Le lac.
17	Véron.	— *Phoxinus.* —	Veiron blanc.	
18	Meunier.	— *Jeser.* —	Chevène.	
19	Sardine.	— *Sardinia.* —	Mirandèle.	
20	Anguille.	*MurœnaAnguil*	Anguille.	Daisse, lac et Tillet.
21	Epinoche.	*Gasterosteus.*		
22	Chabot.	*Cotus Gobio.* —	Sassot.	
23	Lamproie.	*PetromyzonFlu*	Lampray.	Le lac.
24	Lamprillon.	*Branchialis.*	Amocetet.	
25	Corydale.	. . . . .	Corydale.	
26	Dormille.	. . . . .	Dremillon.	
27	Barbotte.	*Cobitis Barbatula.* —	Barbotte.	Mares et Etangs.
28	Loche franche.	— *Taenia.* —	. . . . .	
29	Misguri.	— *Fossilis.* —	. . . . .	

De tous ces poissons, le lavaret est le plus recherché; il est particulier au lac du Bourget, et on a vainement essayé de l'introduire ailleurs. Son poids ne dépasse guère une livre. Après ce poisson, dans l'ordre de leur qualité, viennent l'Omble-Chevalier, la Truite et le Brochet. On a pêché quelquefois dans le lac des esturgeons, qui suivaient les barques de sel remontant le Rhône; mais ils sont fort rares aujourd'hui.

Histoire naturelle.—Le naturaliste, qui s'occupe de Zoologie et de Botanique, trouve, aux environs d'Aix, les richesses les plus propres à captiver son attention, tandis que les montagnes et les vallées voisines offrent le champ le plus vaste aux recherches et aux méditations du Géologue.

Toutes les montagnes environnantes sont de calcaire compacte. D'après les Géologues modernes, ce calcaire appartient à la formation des terrains crétacés, laquelle constitue la majeure partie des chaînes des contre-forts des Alpes, sur la rive gauche du Rhône, et recouvre les couches les plus récentes du système jurassique. Elles ont leurs couches de stratification inclinées vers l'Est, sous un angle qui varie de deux à quarante-cinq degrés; leur direction paraît se rapporter du N.-N.-Est au S.-S.-Ouest.

Les coquilles qu'on y rencontre le plus communément sont : des *Ammonites*, des *Belemnites*, des *Echinites*, des *Térébratules*, des *Baculites*, des *Griphites*, etc. ; sur la montagne de Beauregard, ces débris fossiles sont siliceux, à cassure conchoïde, et se trouvent enveloppés d'une gangue calcaire. Ils m'ont offert beaucoup d'analogie avec ceux que j'ai rencontrés dans les plaines de Salisbury, près du monument druidique appelé *Stone-Hange*.

Voici d'après M. Mayor de Genève, les variétés d'Ammonites qu'il a trouvées au Mont-du-Chat : *Ammonites Discoidius*, *Communis*, *Planulatus*, *Vulgaris*, *Crassus*, *Molabilis*, *Gervillii*, *Tumidus*, *Vidalii*, *Macrocephalus*, *Herveyi*, *Lenticularis*, *Armatus*.

Le coteau de Tresserve, qui s'élève au centre de la vallée, appartient aux étages supérieurs de la formation tertiaire ; il se compose de grès tendre ou *mollasse*, qu'on utilise pour des âtres de cheminées : ses grains examinés à la loupe semblent être de quartz hyalin, de granit, de mica, de diabase et d'amphibole.

La plupart des cailloux qu'on rencontre dans la plaine, sont granitiques ; les autres sont formés de quartz, gneis, siénite, diabase, amphibole, feld-spath, alumine et mica. Ils sont tous arrondis, et leur grosseur variable dépasse rarement deux décimètres cubes.

C'est dans ces cailloux, entassés sur une épaisseur considérable, à l'extrémité méridionale du bassin d'Aix, territoire de Sonnaz, que se trouve un banc de lignite, de deux mètres d'épaisseur, formé de deux couches séparées par une assise argileuse, reposant sur une marne coquillère, et présentant lui-même de nombreux débris de troncs d'arbres aplatis et de végétaux herbacés. Ce combustible, qui se retrouve à la Mothe-Servolex, etc., est parfaitement analogue aux lignites de la Tour-du-Pin en Dauphiné, et devient, depuis quelques années, pour la consommation de Chambéri, l'objet d'une exploitation importante. La formation et la descente de ces cailloux roulés remontent sans doute à la dernière époque des soulèvemens auxquels les Alpes occidentales doivent leur configuration actuelle, et que M. Elie de Beaumont a si bien établie dans son mémoire sur les révolutions de la surface du globe.

La nature, toujours admirable dans ses œuvres, a su tirer parti de ses convulsions souterraines, de la dislocation des rochers et du croisement des montagnes, pour varier à l'infini les sites, et pour embellir ses paysages. Les environs d'Aix présentent, en effet, de tous côtés, des promenades délicieuses. Je vais indiquer les principales, avec leur distance de la ville (non compris le retour).

Le port de Puer (45 minutes) ; on s'y rend par une superbe avenue de peupliers d'Italie, longue de quinze cents mètres. Ce port est le point de départ des promenades sur le lac et de celles à Haute-Combe.

Hameau de St.-Simon (20 minutes), où se trouve une source ferrugineuse, appelée fontaine d'Hygie ; elle est décorée d'une pierre votive. De là, on va voir la tour de M. Eustache, qui n'en est éloignée que de quelques pas.

FONTAINE DE S. SIMON.

Jardin Chevallay (10 minutes), sur la colline d'Aix, d'où l'on découvre l'abbaye d'Haute-Combe, l'admirable campagne qui entoure la ville et le rideau de verdure que forme la colline de Tresserve. *

* Indépendamment de ce jardin et de celui du Cercle déjà cité,

Carrière des Romains (25 minutes). On suit le prolongement de la route précédente, en montant du côté de *Mouxy*. On traverse le petit ruisseau du Gachet, et bientôt on aperçoit, au Couchant, une grande partie du lac, la montagne de l'Epine, le passage du Mont-du-Chat, le monastère de Haute-Combe; au Nord, le château de Châtillon; et au Midi, les montagnes de la Chartreuse.

On peut visiter, en même temps, la terrasse de la *Ferme-Vidal*, au *Gachet*, où l'on jouit d'une des plus belles vues du bassin d'Aix; à peu de distance, se trouve la carrière dite des Romains, située sur la même colline, près du territoire de Marlioz. C'est de cette carrière que paraissent avoir été extraits les blocs énormes employés à la construction du temple de Diane et de l'arc de Campanus. De là, on peut revenir en ville par le hameau du Biollay et la route de Chambéri.

Colline de Tresserve (30 minutes). On arrive à cette colline par des avenues ombragées et des chemins tortueux, toujours secs et bien entretenus. On peut s'y diriger par la route de Chambéri, ou par celle du Tillet.

Il se trouve dans la ville, un grand nombre de jardins particuliers, dont l'entrée est constamment ouverte à tous les étrangers.

Il convient de prendre la première, lorsqu'on se propose de visiter la charmante habitation de feu le colonel Viviand et celle de M. Poulin, et de mieux jouir du contraste que présentent, d'une part, le vallon d'Aix, et de l'autre les eaux du lac, si remarquables par leur limpidité et leur teinte d'azur. *

Le spectateur, placé au sommet de la colline, voit se dérouler, comme par enchantement, autour de lui, les tableaux les plus rians. L'opposition, toujours changeante, des ombres et de la lumière, prête à leurs couleurs des nuances infinies. Voici l'ordre dans lequel se succèdent les scènes variées de ce panorama. Du Nord à l'Est, montagne et coteau de St.-Innocent, collines de Grézy, de Labiole, d'Albens; de l'Est au Midi, montagne de Trévi-

* Le lac du Bourget a quatre lieues de long sur une lieue et quart de large, et près de 80 mètres de profondeur, près de Haute-Combe et du château de Bordeaux. Sa hauteur au-dessus de l'océan est de 693 pieds; celle du lac d'Anneci, de 1362; celle du lac de Genève, de 1142.

Bien qu'on ne se rappelle pas avoir vu entièrement geler les bords du lac du Bourget, par les plus grands froids, il se passa au mois de mars 1830 un fait assez curieux. Ce fut la formation subite d'une couche de glace de près d'un quart de lieue de long, de 15 à 20 pieds de large et de près de trois lignes d'épaisseur. Cette zone se forma principalement entre les villages de Brison et de Grézine, à peu de distance de la rive, dans un lieu où le lac est très-profond, mais habituellement calme. C'était à l'aube du jour, le ciel était serein, l'eau du rivage au port de St.-Innocent marquait, au même instant, 4° R. au-dessus de zéro.

gnin, communes de Drumettaz, Clarafond, Méry; le château du Donjon, celui de Montagny, la Dent-de-Nivolet; du Midi à l'Ouest, les plateaux de Sonnaz, de St.-Ombre, de la Croix-Rouge, le château du Bourget, où naquit Amédée-le-Grand, celui de la Motte, le village du Bourget, où sont plusieurs restes d'antiquités romaines; et, sur un plan plus reculé, les montagnes de la Grotte, de la Chartreuse, de l'Epine, de Grenier, de Montagnole; enfin, de l'Ouest au Nord, la Dent-du-Chat, le château de Bordeaux, la montagne et l'abbaye de Haute-Combe, le rocher dit Molard-de-Vion, le château de Châtillon et la montagne du Colombier.

Par la seconde, on arrive à l'extrémité septentrionale de la colline, où se trouve une ancienne construction, nommée la *Maison du diable*, et près de-là une esplanade fort élevée, d'où l'on jouit d'une vue magnifique.

On peut encore visiter au bas de la colline de Tresserve, sur le versant Ouest, le château de Bonport. Il est accessible par terre et par eau. Lorsqu'on veut s'y rendre par le lac, il convient de s'embarquer au port de Cornin, petite baie située au Nord-Ouest de la même colline.

Coteau de St.-Innocent (une heure), situé sur les bords du lac, renommé pour ses vi-

2*

gnobles et l'excellente qualité de ses fruits. Après avoir suivi la grande avenue qui conduit au port de Puer, on prend, sur la droite, un chemin raboteux qui aboutit à deux jolis villages, St.-Innocent et Grésine. On découvre, depuis le château de St.-Innocent et la campagne *Blanchard*, des points de vue très-pittoresques, que quelques voyageurs comparent à ceux si vantés du canal de Constantinople.

Cascade de Grésy (45 minutes), sur la route de Genève ; au confluent du *Sierroz* et de la *Daisse*, torrens impétueux qui se jettent avec fracas au milieu des précipices qu'ils ont creusés dans leurs cours.

L'aspect menaçant des rochers, la vue des gouffres qui engloutirent madame de Broc, et le monument funèbre qui lui fut érigé par la reine Hortense, jettent dans l'ame une mélancolie sombre et touchante, qui prête un nouveau charme au tableau. Voici l'inscription gravée sur ce monument.

MADAME LA BARONNE DE BROC,
AGÉE DE VINGT-CINQ ANS, A PÉRI SOUS LES YEUX DE SON AMIE,
LE 10 JUIN 1813.
Ô VOUS, QUI VISITEZ CES LIEUX, N'AVANCEZ QU'AVEC PRÉCAUTION
SUR CES ABIMES : SONGEZ A CEUX QUI VOUS AIMENT.

CASCADE DE GRÉSY.

Course au Mont-du-Chat (2 heures et demie). Pour abréger la traversée , qui est ordinairement d'une heure , on prend un bateau à Cornin. Le plus souvent on embarque des ânes, dont le secours devient fort utile pour gravir la montagne. Quand l'embarcation est favorisée par les vents , elle arrive, en moins de trois quarts d'heure , au pied de l'antique et pittoresque château de Bordeaux.

Après avoir suivi quelque temps les circonvolutions de la nouvelle route , taillée dans les flancs du rocher , on parvient au sommet du col. C'est par cet endroit que le savant Deluc, s'appuyant sur la description de Polybe , a pensé que s'effectua le passage d'*Annibal* (deux cent vingt ans avant l'ère chrétienne). On y a trouvé un grand nombre de médailles romaines; un Anglais y découvrit aussi, il y a peu d'années, une inscription latine, ou *ex voto*, consacrée à Mercure. * Ceux qui désirent gravir la Dent-du-Chat, quittent la grande route de Chambéri à Yenne, laissent leur monture au Chalet et suivent, à pied, un sentier escarpé, devenu assez difficile par suite d'un incendie qui a dévoré les arbres et les broussailles, servant à masquer les précipices, et auxquels on pouvait se cramponner. Il est rare que les dames tentent d'arriver jusqu'à la cime; c'est cependant depuis ce lieu qu'on découvre les points de vue les plus ravissans, tels que le cours sinueux du Rhône, les environs de Lyon, une partie de la Suisse et du Dauphiné, les bassins d'Aix, de Chambéri, de Chautagne et de Belley, les contours d'une multitude de vallées, le Mont-Blanc (14798), l'Aiguille du midi (12054), celle de Charmoz, les autres pics élevés qui dominent Chamonix; enfin, un panorama qui comprend dans son ensemble, une immense quantité de montagnes.

* Quelques antiquaires font dériver le nom de Mont-du-Chat de *Catus* ou *Catulus*, à cause de cette autre inscription trouvée au même lieu et qu'on voit dans la chapelle souterraine du Bourget.

MERCVRIO AVGVST. SACRVM. T. TERENTIVS. CATVLVS V. S. L. M.

D'autres, de *Thuates* qui, en langue celtique, signifie *Mercure*.

Haute-Combe (2 heures), situé au couchant du lac, sur le revers oriental de la montagne qui porte ce nom, célèbre par son abbaye, autrefois destinée à la sépulture des princes de la Maison de Savoie, et restaurée naguères par le pieux roi Charles-Félix, sur les dessins de l'ingénieur Mélano.

On remarque dans l'église un tableau de St. Bernard, peint par Serrangeli, un groupe en marbre de Carrare, exécuté par *Cacciatore*, de belles peintures à fresque des artistes *Vacca* et *Gonino*, les tombeaux des princes Amé V, Amédée VI, Amédée VII, Humbert III. On voit encore à la gauche du sanctuaire, le monument de Louis I, baron de Vaud, et de Jeanne de Mont-Fort; à sa droite, celui du comte Aymon et d'Yolande; et derrière le maître-autel, celui de Boniface de Savoie, archevêque de Cantorbéri; près de la porte de la sacristie, le magnifique mausolée de Pierre de Savoie, et dans l'autre nef, celui d'Anne de Zehringen.

On admire en outre une multitude de bas-reliefs, de cariatides, de petites statues, exécutées, ainsi que les tombeaux, en pierre de Seyssel, et représentant des génies, des anges, des vertus; enfin, la variété et la délicatesse des ornemens gothiques qui décorent l'église dans toute son étendue.

Derrière l'église se trouve la chapelle de St.-André, remarquable par le tableau du maître-autel dû au pinceau d'Ayrès de Savigliano, par ses vitraux d'un goût exquis et par sa petite sacristie, destinée à servir de tombeau aux moines de la maison. Immédiatement au-dessus, s'élève une tour octogone, qui doit servir de phare et d'où l'on jouit d'un panorama ravissant. A l'extérieur de la chapelle de S. Félix, la seule dont l'architecture soit de style grec, se trouve l'inscription suivante :

REX. CAROLVS. FELIX.
LOCO. AERE. SVO. REDEMPTO.
MONVMENTA. MAJORVM.
OB. VETVSTATEM. DIV. NEGLECTA.
LVSTRATIONIBVS. EXPIANDA. CVRAVIT.
TEMPLVM. QVOD. BELLVM.
ET. LICENTIA. TEMPORVM.
PROFANVM. FECERANT.
AMPLIATO. SOLO. ITERVM. DEDICAVIT.
CŒNOBIVM. RESTITVIT.
ANNO. MDCCCXXVI.

Le monastère de Haute-Combe, fondé en 1125, par Amédée III, a donné deux papes à l'Eglise romaine, Célestin IV et Nicolas III. Il fut d'abord habité par des moines de l'Ordre de St. Basile, et l'est aujourd'hui par ceux de Cîteaux.

Sur la hauteur, à peu de distance de l'abbaye, est une fontaine intermittente irrégulière, appelée *Fontaine des merveilles*. L'ombrage des châtaigniers et les points de vue délicieux qui l'entourent, semblent s'être réunis aux étonnans paroxismes de la source, pour piquer et intéresser la curiosité du voyageur.

Saint-Germain (2 heures), village sur la montagne de ce nom *, où passait une voie romaine qui conduisait en Chautagne par le détroit de St.-Germain. On suit d'abord la route de Genève, puis celle du château de Longephan ; les rochers qu'on est ensuite forcé de gravir, renferment une grande quantité de pétrifications. Depuis leurs sommités, la vue s'étend sur un immense horison ; elle embrasse le bassin du lac, les plaines de la Chautagne et celle des environs de Belley, les circuits du Rhône et ceux du canal de Savière, les montagnes de Môle (5700), près de Bonneville, de la Tournette (6600), près d'Anneci, le mont Salève (4214), peu distant de Genève, et au Midi la crête neigeuse des Alpes du Graisivaudan.

(*) Cette montagne est celle du bassin d'Aix qui fournit le plus d'espèces intéressantes en Botanique et en Entomologie.

Chambéri (2 heures). Population 15,000 ames. Les objets qui offrent plus particulièrement de l'intérêt dans cette capitale du duché sont : le château, les hospices de St.-Benoît et de la Charité, l'Hôtel-Dieu, le dépôt de mendicité, l'église métropolitaine, où se trouve le tombeau de Fabre, célèbre jurisconsulte savoisien, le théâtre, la rue de Boigne (*), les boulevards, la promenade du *Verney*, l'établissement d'horticulture de Martin Burdin, et la Bibliothèque publique qui se compose de plus de 15,000 volumes. Elle renferme dans son enceinte un musée, contenant près de 12,000 médailles romaines, des collections de minéraux, de plantes alpines, d'oiseaux, d'insectes, de papillons, quelques beaux tableaux; enfin, plusieurs restes d'antiquité trouvés à Aix, à Lémenc, à St.-Pierre-d'Albigny et autres lieux de la Savoie.

On peut visiter tout près de Chambéri le parc de Buisson-Rond, appartenant à M. le Comte Charles de Boigne, fils du général de ce nom; le château de la Motte, appartenant

(*) La plupart des hospices de Chambéri ont été fondés ou dotés par le général de Boigne, qui y a consacré près de 5 millions.

à M. le Marquis de Costa de Beauregard ; les cascades de Jacob, et au Midi de la ville, le point de vue remarquable de la fontaine de St.-Martin.

Cascade du bout du monde. Située à trois quarts de lieue de Chambéri, formée par la *Doria* qui se précipite, écume et gronde dans un amphithéâtre de rochers, au-dessus desquels s'élève la cime colossale de la montagne de Chaffardon.

Les Charmettes. Jolie campagne sur la hauteur, à vingt minutes de Chambéri, célèbre par le séjour qu'y firent J.-J. Rousseau et Mme de Varens. Sur la façade principale est une pierre portant l'inscription suivante, placée par Hérault de Séchelles.

Réduit par Jean-Jacques habité,
Tu me rappelles son génie,
Sa solitude, sa fierté,
Et ses malheurs et sa folie.
A la gloire, à la vérité,
Il osa consacrer sa vie,
Et fut toujours persécuté,
Ou par lui-même ou par l'envie.

La grande Chartreuse. A 8 lieues de Chambéri, 6 de Grenoble. Il est difficile de trouver une route plus pittoresque et plus romantique que celle qui y conduit. Elle se fait en voiture jusqu'à St.-Laurent, et de là à dos de mulet. A trois quarts d'heure de Chambéri, on admire la superbe cascade de Couz. Plus loin, on traverse la grotte des Echelles, longue de 206 mètres, comparée pour sa beauté à celle de Pausilippe et digne de servir de vestibule aux Alpes. Avant d'entrer dans la grotte, on voit à gauche l'ancien passage, ouvert en 1670 par Charles-Emmanuel II, où se trouve gravée une belle inscription latine. Depuis le hameau de St.-Laurent, le chemin s'élève dans une gorge étroite, formée par le déchirement des rochers, au milieu de bois noirs et de précipices. L'amateur de la nature trouve à chaque pas une multitude de plantes alpines et d'insectes curieux. Le monastère, qui étonne par ses dimensions gigantesques, fut fondé, en 1084, par St. Bruno. Il est élevé de 3136 pieds au-dessus de la mer. J.-J. Rousseau a fait l'éloge des Religieux qui l'habitent, en écrivant dans l'album du Couvent : *J'ai trouvé dans ces déserts des plantes rares et de plus rares vertus.*

Anneci (4 heures et demie). L'étranger traverse de préférence cette ville, en se rendant à Genève ou à Chamonix; souvent aussi il en forme le but d'une excursion spéciale. La route qui y conduit passe à Albens, autrefois station romaine, où l'on voit encore les restes d'un camp romain ; et à Alby, dont la position pittoresque, la cascade, le beau pont sur le Chéran, le redressement des couches de grès-molasse signalé par Saussure, n'attirent pas moins l'attention du dessinateur que celle du géologue.

La ville d'Anneci, peuplée de 7 à 8,000 ames, présente par ses manufactures, son cours d'eau et l'industrieuse activité de ses habitans, le mouvement des villes les plus commerçantes. Les objets, qui méritent de fixer particulièrement l'attention du voyageur, sont : le Château, ancienne résidence des ducs de Savoie-Némours, les églises de la Cathédrale et de St.-Maurice, celle de la Visitation, où l'on admire les châsses en argent de St. François de Sales et de Ste. de Chantal, exécutées par l'orfèvre Cahier, d'après les dessins de l'architecte P. Dunand d'Anneci ; le collége, le séminaire, le haras royal, la filature de coton fondée par MM. Duport, les usines à fer de MM. Frèrejean, alimentées par les belles chutes d'eau de Cran, les magnifiques promenades, situées au bord du lac, où bientôt doit avoir lieu l'érection d'un monument à la mémoire du Comte Bertholet, justement surnommé le Newton de la chimie, les châteaux de Duingt, de Menthon et de Montrotier, les antiquités du village d'Anneci-le-vieux, sa situation, ses points de vue ; la route romaine, taillée dans le roc, près du pont St.-Clair, non loin duquel se trouve gravée l'inscription suivante :

L. TINCIVS PACVLVS PERVIVM FECIT.

enfin, à 2 lieues d'Anneci, sur la route de Genève, près des eaux sulfureuses de La Caille, se trouve le pont Charles-Albert, qui est un modèle de hardiesse, d'élégance et de solidité.

La hauteur de ce pont au-dessus du torrent des Usses est de 190 mètres, sa longueur de 192 mètres (591 pieds). Le tablier, dont la largeur est de 6 mètres, est supendu par deux groupes, chacun de douze câbles en fils de fer, qui vont s'amarrer dans des puits de trente pieds de profondeur creusés dans le roc. Ces câbles ont 300 mètres de développement et reposent, à l'une et à l'autre extrémité, sur des tours couronnées de crénaux.

Le tablier du pont se compose de 132 poutres, dont les extrémités sont attachées aux grands câbles par 264 tiges de suspension en fer. Ce monument commencé en 1838, a été inauguré le 10 juin 1839.

En face de Duingt s'élève Talloires heureusement situé. Là naquit Berthollet.

La grotte de Bange (4 heures). On quitte la route de Genève, à peu de distance de la cascade de Grésy pour prendre le chemin qui mène au village de ce nom, remarquable par sa vieille tour. On traverse la montagne de Cusy.* Après avoir passé le pont de Bange, on monte à la grotte, qui n'en est pas très-éloignée, on s'y enfonce sur une pente moyenne de 20 à 25 degrés, par deux ouvertures qui se réunissent et forment ensuite une seule galerie de plus de 900 pieds de longueur. Les parois sont recouvertes de stalactites blanches qui affectent les formes les plus bizarres. A l'extrémité de la galerie est un passage bas et étroit qui conduit à un lac alimenté par un ruisseau assez fort, qu'on voit descendre de l'intérieur de la montagne. Les intermittences d'écoulement de ce lac, dont on ne connaît ni l'étendue ni l'issue, produisent, à certains momens du jour, un bruit très-singulier.

Le Chéran, qui arrose cette vallée pittoresque, roule, depuis la grotte de Bange jusqu'à son embouchure dans le Rhône, des paillettes d'or que les habitans des communes voisines ramassent avec soin.

L'amateur des beaux sites et le naturaliste qui ne comptent pas les heures, pour se mé-

* A deux heures de ce village, se trouve la montagne de Gruffy, d'où l'on jouit d'un des plus beaux panoramas de la Savoie.

nager de nouvelles jouissances, trouveront encore en Savoie une foule de lieux dignes d'être visités. Tels sont les vallées de Tarentaise, de Beaufort et des Bauges, la vallée du Giffre en Faucigni, les glaciers du Mont-Blanc et le bassin de Chamonix; la Tournette, les abords agrestes de Thônes; le défilé pittoresque de St.-Saturnin, où passait une voie romaine. Le chemin de fer qui de Chambéri conduit au lac du Bourget et correspond avec les bateaux à vapeur du haut Rhône; les mines de lignite d'Entrevernes et de Sonnaz, les mines de fer de Maurienne, celles de plomb argentifère de Pesey et Macôt, les salines de Moûtiers, la roche salée d'Arbonne; enfin le pont de Rumilly, qui offre la plus grande arche à plein cintre qui ait été construite dans le dix-huitième siècle.

§. 3me

ANTIQUITÉS.

Les Eaux d'Aix ont été appelées successivement *Aquæ Allobrogum*, *Aquæ Domitiæ*, *Aquæ Gratianæ*. Leurs qualités précieuses et leur situation dans une vallée riante et fertile, entre Chambéri (Lemnicum) et Genève, sur un embranchement de grandes voies romaines qui

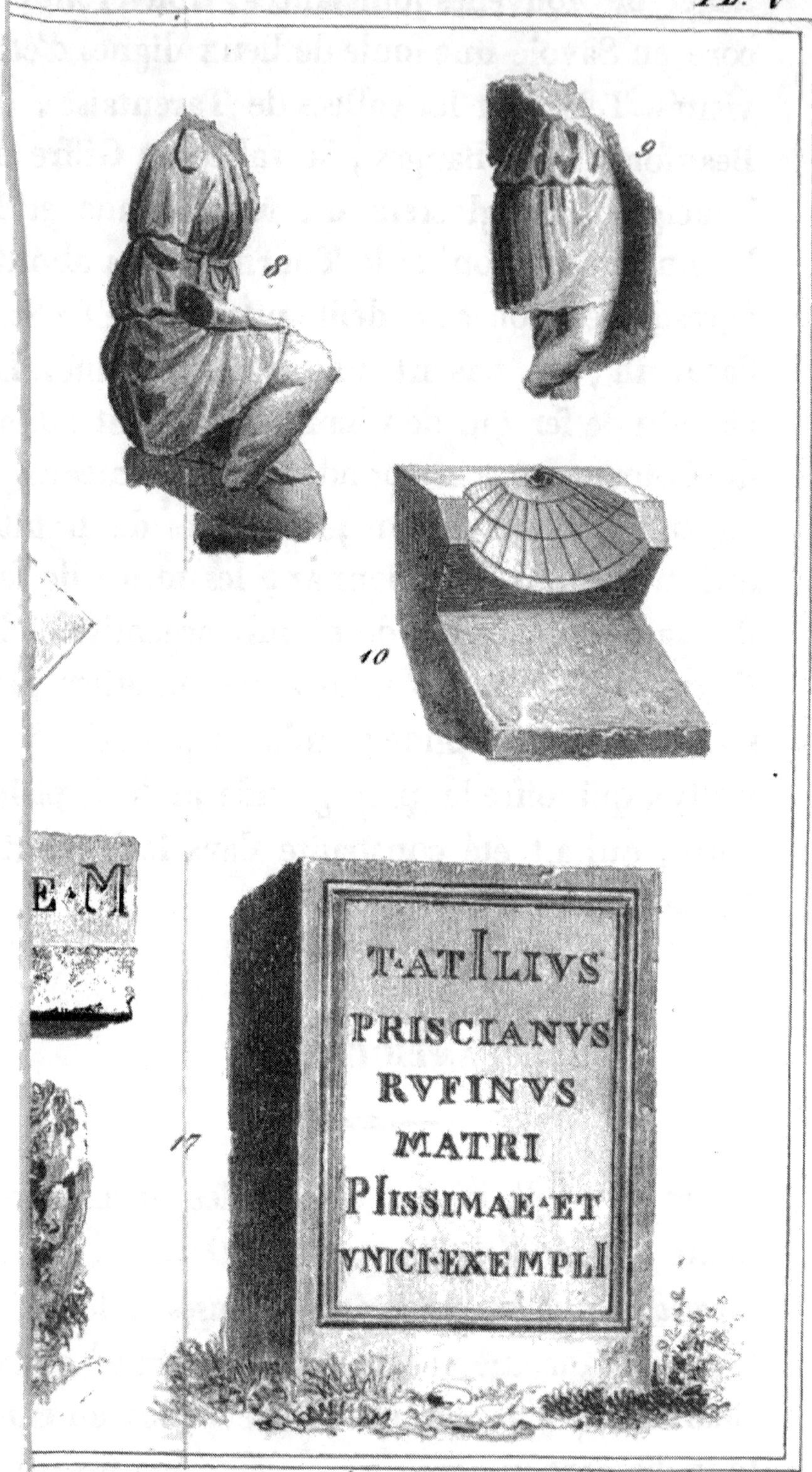

Lith de Courtois et Aubert, à Chambéry.

environs.

traversaient les Alpes, furent sans doute des motifs qui engagèrent les anciens à y ériger les monumens dont nous admirons les vestiges.

Au rapport de Cabias, ce fut un des proconsuls de Jules-César, nommé Domitius, qui y fit construire les premiers bains, après la victoire qu'il remporta sur les Allobroges, l'an 628 de Rome. Ces bains furent successivement embellis et restaurés par les préfets de la province romaine, et l'importance en fut telle qu'ils conservent, jusques dans leurs ruines, des traces de grandeur et de magnificence.

Bains romains. — Ceux que l'on a découverts sous la maison Perrier-Chabert, et qu'on désigne sous le nom de *Vaporarium romain*, sont sans contredit les plus remarquables.

Pour se faire une idée exacte de ces constructions souterraines, qu'on se représente d'abord une vaste étendue de sol affermi par plusieurs couches de ciment. Sur ce sol sont rangés parallèlement un grand nombre de piliers en briques tantôt ronds, tantôt carrés et tantôt demi-circulaires, qui supportent une série de bains.

BAIN ROMAIN.

Çelui dont je donne ici le dessin est de tous le mieux conservé. C'est celui qu'on nomme vulgairement *Bain de César*. Il paraît avoir servi principalement de piscine, et offre environ 15 mètres carrés de surface. Sa forme est celle d'un octogone irrégulier. Tout autour sont des *scallaria* ou gradins, revêtus de marbre blanc. A l'Est, se trouve un bloc de ciment, aussi revêtu de marbre, et imitant un tronçon de colonne, vraisemblablement destiné à supporter quelque statue. Un trou existe au bas de ce piedestal, et l'inclinaison du sol du bain indique évidemment que par cet endroit avait lieu l'écoulement des eaux.

Le bain tout entier est supporté par une centaine de piliers quadrangulaires, autour desquels règne un corridor, où circulaient les eaux, ainsi que dans l'espace compris entre les piliers. Sur les faces Est et Ouest de cette galerie, le mur décrit des segmens de cercle qui servaient peut-être à exciter dans le liquide un tourbillonnement propre au dégagement des vapeurs. Le plafond du corridor est percé d'une multitude de petites cheminées rectangulaires, faites en terre cuite, communiquant entre elles et ayant 0 mèt., 12, sur 5 cent. d'ouverture, et 1 mèt. 14 cent. de hauteur. Un grand nombre de tuyaux de cette espèce introduisaient la vapeur dans la portion supérieure de la piscine, disposition qui pourrait faire supposer que cette pièce servait à la fois d'étuve et de bain d'immersion.

La plupart des larges briques, dont se compose ce massif, portent en relief l'inscription *Clarianus* qui paraît être le nom du fabricant: on lit sur quelques-unes *Clarianus cisal* ou *Cæsar censem*, et sur d'autres, *Claria numada*. L'élégante proportion des lettres indique une époque rapprochée du beau siècle d'Auguste.

Diverses remarques intéressantes, faites sur ce bain et ceux qui l'entourent, méritent d'être citées :

1° On observe dans la partie inférieure que les pieds des piliers qui plongeaient dans l'eau sont demeurés presque intacts, tandis que la portion la plus élevée, mouillée seulement par la vapeur, a été fortement corrodée.

2° Tant que ces diverses constructions se sont trouvées à l'abri de l'air extérieur, rien n'a pu altérer leur solidité : mais dès qu'un libre accès lui a été ouvert par les excavations qu'on y a faites, un grand nombre de briques ont commencé à se détériorer.

3° Lors des premières fouilles qui eurent lieu en 1779, on découvrit un espace de huit mètres carrés, entièrement dépourvu de piliers. Le plafond, comme suspendu en l'air, résistait au poids énorme du bain supérieur et de la maison qui avait été bâtie au-dessus. On a même reconnu depuis lors qu'une portion des murs de ville portait sur le pavé d'un autre bain, dépourvu d'appui, comme le précédent.

4° Quelques bains particuliers, existant aux environs du vaporarium, ont fait découvrir une couche de charbon pilé, placée entre le sol et la maçonnerie, ce qui prouve que les anciens n'étaient pas étrangers à ce moyen de conserver la chaleur des eaux.

5° Les plaques de marbre qui formaient les revêtissemens intérieurs, sont recouvertes en plusieurs endroits d'une espèce de mastic, mélangé de fragmens de briques. Un fait analogue a été observé aux anciens bains de Néris, par le Dr Boirot-Desserviers, et il paraît assez probable que ce stuc fut placé après coup par les Romains, et lorsque le besoin d'empêcher la filtration des eaux ou la détérioration des marbres en eut fait concevoir la nécessité.

6° Les recherches faites, en l'an IX, par M. Albanis Beaumont, ont démontré que ces constructions n'étaient qu'une faible partie d'un édifice extrêmement vaste, qui embrassait, dans son ensemble, la plus grande partie de l'emplacement occupé aujourd'hui par la ville. D'après cet archéologue, les Thermes d'Aix, de même que ceux de Titus, de Domitien, de Caracalla et autres bains célèbres de l'antiquité, avaient leur entrée principale, leur enceinte, leur piscine, leur *Apoditerium*, leur *Tepidarium*, leur *Eleothesium*, etc.

Le *Vaporarium* et plusieurs autres bains trouvés sous les maisons voisines étaient alimentés par la source dite d'*Alun*. L'eau, après avoir parcouru les galeries dont les restes sont au-dessous de la maison Perrier, tombait dans l'emplacement qu'occupe aujourd'hui le grand bassin, nommé *Bain royal*.* On voyait, il y a

(*) Cabias dit que ce bain a pris le nom de Bain Royal, depuis que Henri IV s'y est baigné, en 1600, avec les Seigneurs de sa suite, lors de son séjour en Savoie, par l'effet de ses différends avec les Cours d'Espagne et de Turin.

peu d'années, au milieu de ce bassin, un reste de piedestal ou socle, qui portait sans doute la statue de quelque divinité ; de là l'eau passait par des conduits souterrains, hors de la ville, où elle servait, dit Cabias, à baigner les chevaux et autres animaux domestiques.

ARC DE CAMPANUS.

Non loin de ces bains, et à égale distance des deux sources, s'élève l'*Arc de Campanus*. Ce monument, qui fait encore, par sa belle conservation, un des embellissemens actuels de la ville d'Aix, était placé sur la voie des Thermes. Sa structure, où l'artiste a su allier la simplicité et l'élégance des ordres Dorique et Ionique, présente déjà quelques traces de la décadence des arts.

Sa longueur, prise en dehors, est de 6 mèt., 71 ; sa plus grande élévation, non comprise la portion maintenant cachée dans la terre, de 9 mèt., 16 ; le diamètre de l'ouverture de l'arc, de 3 mèt., 23; et l'attique, y comprise la plinthe, est aussi haut que tout l'entablement.

La corniche n'a ni l'épaisseur, ni la saillie prescrites par les règles d'architecture, ce qui fait penser qu'elle a subi diverses mutilations : suivant M. Deloche, l'architrave aurait disparu sous le marteau, pour faire place aux *plates-bandes*, où sont inscrits les noms des personnes auxquelles cet arc fut consacré.

La frise présente sur sa face Ouest huit niches (*Columbaria*) qui, selon quelques antiquaires, devaient renfermer des moulures en bronze ou des métopes; et, selon d'autres, les urnes cinéraires ou les effigies des personnages dont les noms sont sculptés au-dessus.

Les inscriptions gravées sur l'attique et sur l'architrave forment autant de dédicaces, en l'honneur des membres de la famille Pompeia. Les voici avec leur traduction.

Sur l'attique.

POMPEIO CAMPANO AVO A PATRE.

A Pompeius Campanus, grand-père du côté paternel.

CAIAE SECVNDIN. AVIAE A PATRE.

A Caia Secundina, grand-mère du côté paternel.

POMPEIAE MAXIMAE SORORI.

A Pompeia Maxima, sa sœur.

POMPEIO CAMPANO FRATRI.

A Pompeius, Campanus, son frère. *

* Deux autres inscriptions, placées sur le monument à la droite de celles-ci, sont illisibles.

Sur l'architrave.

D. VALERIO GRATO.
A Decius Valerius Gratus.
CAIO AGRICOLAE.
A Caius Agricola.
POMPEIAE L. SECVNDIN. AMITAE.
A pompeia Lucia Secundina, la tante.
C. POMPEIO JVSTO PATRI ET PARENTIBVS.
A Caius Pompeius Justus, le père, et à ses parens.
VOLVNTILIAE C. SENTIAE AVAE AMATAE.
A Voluntilia Caia Sentia, aïeule chérie.
C. SENTIO IVSTO AVO AMATO.
A Caius Sentius Justus, aïeul chéri.
T. CANNVTIO ATTICO PERPESSO.
A Titius Cannutius Atticus Perpessus.
L. POMPEIO CAMPANO CAMPANI ET SENTIAE FIL.
A Lucius Pompeius Campanus, fils de Campanus et de Sentia.

Sous l'architrave.

L. POMPEIVS CAMPANVS VIVVS FECIT.
Lucius Pompeius Campanus, de son vivant, fit ériger ce monument.

TEMPLE DE DIANE.

Selon la coutume des Romains, tout près des thermes se trouve un temple. C'est cet édifice que l'on nomme aujourd'hui le *Temple de*

Diane, et que l'on voit à quelques pas de l'Arc de Campanus, dans l'enceinte du château du Marquis d'Aix. Quoique enfoui dans la terre, jusqu'au tiers de sa hauteur, il est accessible en dehors, par le presbytère, et en dedans, par l'entrée du théâtre.

Sa structure est à la fois solide et élégante; elle est composée de gros quartiers de pierre, régulièrement superposés les uns aux autres, sans ciment. Ce genre de construction, connu sous le nom d'*isodomum*, pour le distinguer de l'architecture *pélasgique*, ou des constructions *cyclopéennes*, qui sont formées de polygones irréguliers, se rencontre dans presque tous les monumens publics qui nous sont restés des beaux siècles de l'empire romain. Tels sont la Maison-Carrée, les Arènes et le temple de Nîmes, les amphithéâtres de Véronne, d'Autun et d'Arles, l'arc de Suze, celui d'Aoste, etc. Il n'existe de ce temple que la face postérieure et la majeure partie des deux faces latérales. Il se composait d'un *pronaos* ou vestibule et d'un sanctuaire ou *cella*. Le mur qui séparait le vestibule du sanctuaire est visible dans ses deux arrachemens attenant aux murs latéraux. Quant à la façade antérieure, il n'en existe aucune partie; il est difficile de déterminer si elle était formée, suivant l'usage, d'un porche à colonnes ou d'un mur seulement percé d'une porte, comme au temple de Diane à Nîmes. La grande épaisseur des murs du vestibule ne permet pas de supposer l'emploi de pilastres en tête des murs, d'ailleurs il n'en existe pas aux angles de la façade postérieure, particularité que M. Chenavard, architecte distingué de Lyon, m'a signalée comme un fait très-remarquable.

La largeur extérieure du temple est de 13 mèt. 40 c., la largeur intérieure, mesurée entre les deux architraves visibles des murs du *pronaos*, est de 10 mèt., 30 c. La longueur intérieure de la *cella* est de 10 mèt., 70 c. La longueur de la partie restante des murs du vestibule est de 3 mèt., 24 c. L'épaisseur du mur de séparation entre les deux parties du temple est de 75 centimètres.

L'entablement est composé d'une architrave de 60 c. de hauteur, d'une frise de 63 c. de hauteur et d'une corniche de 60 c. de hauteur. La corniche est composée de deux grandes doucines; on n'y remarque pas de larmier, et sa hauteur, au mur postérieur sur lequel s'élevait le fronton dont on voit les pierres, est la même que sur les faces latérales, contrairement aux dispositions habituelles, ce qui rend problématique la manière dont la corniche rampante aboutit sur la corniche horizontale, à moins qu'on ne suppose que ce raccordement se fasse de la même manière qu'au grand temple de Pestum et à celui de la Concorde à Agrigente.

Sur les trois filets de l'architrave on remarque une saillie angulaire, semblable à celle que présente le théâtre de Marcellus à Rome. Cette précaution de l'architecte, comme le remarque Vitruve, a pour effet de remédier à une illusion d'optique qui tend à faire paraître inclinées en avant, les surfaces verticales, et à faire détacher l'avant-corps du reste de l'édifice.

Vestiges d'autres monumens. — Outre les restes des monumens que nous venons d'indiquer, on en a découvert beaucoup d'autres, tels que mosaïques, amphores, marbres divers, serpentine antique, porphyre d'Egypte; des fragmens de bas-reliefs, de statues et de colonnes; des médailles, dont la plupart sont des deux premiers siècles de l'ère chrétienne; enfin, un cadran antique ou *Gnomon* creusé en cône, dans un bloc de travertin, dont voici les proportions:

Largeur de la face, 54 centimètres.

Hauteur totale, 52 c.

Saillie de derrière à l'avant, prise à la base, 44 c.

La saillie à la partie supérieure ne peut être précisée, les deux cornes du demi-cercle étant frustes.

Ce cadran, d'après l'usage des Romains, se trouve divisé en douze parties égales par les lignes horaires. Ces lignes servaient pour toutes les saisons, de manière cependant que l'intervalle qui marquait les heures en hiver, était plus court que celui qui correspondait à celles de l'été. L'ombre du style traçait cette différence par le plus ou le moins de longueur de sa projection. Aux extrémités supérieure et inférieure de la coquille, formée par la surface concave du Gnomon, se trouvent deux segmens de cercle qui indiquent les deux termes annuels de la route du soleil ; un troisième, placé au centre, marque la ligne de l'équateur ou de l'équinoxe.

On voit encore aujourd'hui ce reste précieux, ainsi que plusieurs autres antiquités, dans les jardins de M. Chabert qui se fait un plaisir de les montrer à l'étranger.

§ 5me

HISTORIQUE DE LA VILLE D'AIX.

La ville d'Aix se trouvait dans l'ancienne Allobrogie, dont elle dut subir les révolutions. Après la mort de Julius-Cottius, dernier roi de ce pays, elle appartint à la *province romai-*

ne, sous le règne de Néron, l'an 54 de l'ère chrétienne (*). A la chute de l'empire des Césars, elle fut comprise dans la province ecclésiastique Viennoise, dépendante du diocèse de Grenoble; de là vient que quelques auteurs du moyen âge l'on appelée *Aquæ Gratianæ*, c'est-à-dire *Aquæ Gratianæ diœcesis* (**). Elle fit partie de l'ancien royaume de Bourgogne, passa ensuite dans la Bourgogne *transjurane*, lors du partage qui eut lieu, en 855, entre les fils de l'empereur Lothaire, et appartint successivement aux royaumes de Provence, d'Arles et d'Italie.

Aix avait alors ses Comtes, qui, vers le cinquième et le sixième siècle, étaient souverains. Vers le douzième, ils relevaient des princes du Genevois, et au commencement du quinzième siècle, cette contrée passa au pouvoir des ducs de Savoie, qui l'érigèrent en baronnie, puis en marquisat, relevant de leur couronne.

Aix est désigné, dans les anciennes chroniques comme habitation royale. C'était la propriété de Rodolphe III, roi de Bourgogne, qui en fit don à la reine Ermengarde, son épouse.

(*) Une inscription trouvée en 1566 par M. de Pingon atteste que ses anciens habitans s'appelaient *Aquenses*.

(**) En 429, les évêques de l'Eglise Gallicane, pour condescendre au désir de l'Eglise d'Angleterre, se réunirent à Aix dans le but de choisir les personnages à envoyer dans cette île, pour y combattre l'hérésie de Pélasge.

Après être passé, en l'an 1000, le 5 des ides de mai, de la Bourgogne Transjurane en la possession de Bérold de Saxe ; après avoir été long-temps un objet de contestation entre les maisons des Ducs de Savoie et des Comtes de Genève, Aix demeura enfin, par un traité conclu en 1295, sous la domination des premiers. La Maison de Seyssel en hérita par la suite et ses descendans portent encore aujourd'hui le titre de *Marquis d'Aix*.

Au temps des croisades, ses seigneurs accompagnèrent les princes de Savoie en Palestine.

Cette ville se glorifie d'avoir donné le jour à Claude de Seyssel, grand diplomate, éminent prélat et philologue distingué.

Il n'y a à Aix qu'une Eglise paroissiale, portant le nom de Ste Croix, érigée d'abord en *prieuré*, et que Claude de Seyssel, alors évêque de Marseille, fit ériger, en 1515, par Léon X, en collégiale, composée de douze chanoines et d'un doyen, jouissant de quelques-unes des prérogatives de l'Evêque de Grenoble dont il dépendait.

Selon M. Deloche, ce fut en 1536 que Charles V. passa dans cette ville, avec une armée de 43,000 hommes, tant Allemands qu'Espagnols et Italiens, après avoir traversé le Mont-du-Chat, et c'est dans les plaines d'Aix qu'il défit les troupes françaises.

Au moyen âge, la ville était ceinte de murs flanqués de grosses tours; elle avait trois portes : celles de Chambéri, de Chautagne et de Rumilly.

Quatorze communes sont dépendantes d'Aix. Brison-St.-Innocent, Drumettaz-Clarafont, Grésy-sur-Aix, Méri, Montal, Mouxy, Pugny, Chanteloup, St.-Offenge-dessous, St.-Offenge-dessus, Tresserve, Trévignin, Le Viviers, Vauglans.

On y compte trois institutions pieuses, un hôpital et deux maisons d'éducation; l'une pour les filles, dirigée par les Sœurs de St. Joseph, l'autre pour les garçons, sous la direction des Frères des Ecoles chrétiennes.

Le Château d'Aix, dans la construction duquel on observe trois époques bien distinctes, résume, à lui seul, les diverses phases ou changemens qu'a éprouvés cette ville. Il est *antique* par le temple de Diane, qui formait la base de sa grande tour, circonstance à laquelle ce monument doit sa conservation; il est *gothique-arabe* par l'escalier conservé intact dans sa massive architecture, et *moderne* par sa nouvelle salle de bal, construite à l'italienne sur le plan de l'ingénieur Mélano.

CHAPITRE II.

Des Eaux thermales et minérales d'Aix.

FONTAINES D'EAU DE SOUFRE ET D'EAU D'ALUN.

§ 1er

SOURCES THERMALES.

Les Eaux thermales d'Aix forment deux sources principales; l'une dite de *Soufre* et l'autre d'*Alun** ou de St.-Paul. Toutes deux jaillissent avec une abondance extraordinaire, à 60 mètres environ l'une de l'autre.

* Les anciens, au rapport de Vitruve (Architect., p. 271), désignaient le gypse, sous le nom d'alun. L'on peut en inférer que, ayant vu les cavernes où passait cette source, recouvertes de sulfate de chaux, tandis que le même phénomène ne pouvait être vérifié pour l'eau de Soufre, dont le cours souterrain est inac-

La première, renfermée toute entière dans le vaste édifice connu sous le nom de *Bâtiment Royal*, sort d'une roche calcaire, pénétrée de petits grains pyriteux, par une ouverture de douze à quinze pouces carrés. Les variations atmosphériques ont peu d'influence sur son volume, sa couleur et sa chaleur; ce qui porte à croire qu'elle coule plus profondément que l'eau d'Alun.

Celle-ci sort du même banc calcaire, à une élévation de trente pieds, qui permet de l'employer pour les douches à forte percussion. Elle communique avec plusieurs soupiraux appelés par Cabias les *Puits d'enfer*, qui semblent indiquer sa direction souterraine.

Le 30 juillet 1837, j'ai visité, pour la troisième fois, la grotte des serpens, qui forme l'un de ces soupiraux, et les galeries voisines, situées sous la maison Roissard, à l'Est de la ville. J'avais pour compagnons, mon Père, MM. Bonjean frères, le Dr Monnet d'Anneci et deux guides. Voici quel a été le résultat de nos observations.

cessible, ils donnèrent à celle-là le nom d'eau d'alun, de préférence à l'autre. Comme elle ne contient cependant aucune trace de sulfate d'alumine, quelques auteurs l'ont appelée aussi source de S.-Paul, du nom d'une chapelle qu'on voyait jadis à peu de distance de ses réservoirs.

La direction générale des souterrains s'étend du Sud-Est au Nord-Est. Leur longueur totale est d'environ 45 mètres. Ils communiquent à l'extérieur par deux issues, éloignées l'une de l'autre de 30 pieds et aboutissant sur la voie publique. La première, qu'on rencontre à quelques pas de la ville, est une ouverture de 7 décimètres carrés, habituellement fermée par une pierre de regard. La deuxième, située au Nord-Est de la précédente, forme l'entrée d'un couloir voûté, appelé la caverne des serpens, à cause des dépouilles de couleuvres qu'on y rencontre. *

Ayant fait lever la pierre qui fermait la première entrée, nous vîmes, après trente secondes, des tourbillons de vapeurs s'échapper par l'issue supérieure, provenant du courant d'air que nous venions d'établir. Nous étant mis, par ce moyen, à l'abri de la suffocation qu'on avait à redouter de l'extrême chaleur et surtout du manque d'air atmosphérique dans ces cavités, nous y descendîmes à l'aide d'échelles, par l'ouverture carrée déjà décrite.

* Les Couleuvres sont innocentes à Aix, comme elles le sont ailleurs ; les vipères y sont venimeuses : mais, comme elles y sont très-rares, ce fait a donné lieu à un préjugé qui consiste à attribuer aux eaux sulfureuses, la propriété de neutraliser les effets de la morsure des serpens.

Celle-ci s'enfonce verticalement et aboutit à une espèce de chambre circulaire de 4 à 5 mètres carrés d'étendue, sur un mètre de hauteur dans œuvre. Au Levant de ce vestibule existe une autre pièce presque aussi grande que la première; son sol est incliné du Nord au Sud. Il se trouvait couvert de terre argileuse grisâtre, remplie de petits cristaux de gypse. Le carbonate calcaire dont se compose la roche s'y est transformé en sulfate de chaux, phénomène qui a lieu pareillement à l'autre issue du côté de la grotte des serpens, mais qui n'existe pas dans les galeries inférieures ordinairement baignées par l'eau.

Le sol du premier vestibule est percé de deux puits verticaux d'un mètre environ de large et de 5 à 6 mètres de profondeur. Tous deux aboutissent à une autre chambre dont les dimensions sont à peu près les mêmes que celles de la première. Elle est de plain-pied avec la partie principale de la grotte, et communique avec elle par un étranglement de deux mètres de largeur, sur un de hauteur. Le sol de l'étranglement est la partie la plus basse de cette grotte, de sorte que l'eau y forme une mare qu'il faut traverser pour arriver à la galerie centrale. Celle-ci est elliptique, sa longueur est d'environ 15 mètres.

L'inclinaison du sol de la galerie étant de 25 degrés, elle se trouve être presque parallèle à celle du coteau, ce qui fait que les eaux chaudes jaillissent dans la partie supérieure, au N.-E., et viennent former le petit étang dont j'ai déjà parlé. En remontant dans cette galerie, dont la hauteur n'excède pas un mètre, on arrive à un cul-de-sac de 4 à 5 mètres d'étendue, dont la partie supérieure donne issue à une galerie très-inclinée, recourbée sous un angle de 45 degrés environ, et que nous avons désignée plus haut sous le nom de grotte des serpens.

Le niveau de l'eau était de 20 pouces plus bas que dans mes excursions précédentes, ce qui nous a fait reconnaître deux grottes plus élevées et plus spacieuses, situées au midi de celles que je connaissais déjà, l'une en forme de grand four, avec une île au milieu, découverte le 5 janvier 1835, par le doucheur Favrin, et une autre au delà, dont nous n'avons pu reconnaître exactement l'étendue, la profondeur de l'eau empêchant de pénétrer plus avant. Autant que j'ai pu en juger, à la clarté brillante d'une flamme du Bengale et des bougies que nous abandonnions au courant de l'eau, ces galeries se dirigent, du N. au S., du côté de la source *Fleury*, puis, se recourbant sur elles-mêmes, servent à l'écoulement des eaux, qui de là se rendent vraisemblablement au souterrain appelé *Cul-de-lampe*.

L'eau, dans l'ancienne galerie, marquait 39° et l'air ambiant 36. Dans la nouvelle galerie, l'eau était au même degré, mais l'atmosphère marquait un degré de plus ; les vapeurs y étaient plus denses, la flamme de la bougie plus courte et la chaleur suffocante.

Toutes les anfractuosités du sol, ainsi que l'eau, dans les endroits où elle est stagnante, renferment de nombreux filamens blanchâtres de matière azotée, beaucoup plus abondante en *sulfuraire* qu'en *glairine* proprement dite.

La voûte de ces grottes est tapissée de stalactites membraniformes, desquelles on voit couler des gouttes d'eau fort acide. Chaptal rapporte le même phénomène des bains de St.-Philippe en Toscane, d'après le témoignage de Baldassari. Ce fait avait déjà été observé par le Dr Fantoni, qui écrivait, il y a plus d'un siècle, dans son ouvrage sur les Eaux d'Aix : « Je » m'aperçus que les plus acides de ces goutte» lettes étaient celles qui se trouvaient les plus » proches de la source, surtout vers la fenêtre » qui donne du jour au réservoir des eaux ; les » autres l'étaient beaucoup moins, et enfin, » celles qui se trouvaient le plus loin de la por» te présentaient à peine de l'acidité. » Diverses expériences, faites à ce sujet, donnent lieu de croire que l'hydrogène sulfuré, tenu en suspension dans les vapeurs, venant en contact avec l'air extérieur, s'empare d'une partie de son oxigène, et le transforme en acide sulfurique.

Outre les deux soupiraux décrits, il en existe deux autres; l'un, habituellement fermé, situé au Nord des bosquets du jardin Chevallay; l'autre, dans la commune de Mouxy, sous le roc de St.-Victor, d'où l'on voit s'élever, en hiver, de légères vapeurs.

Les excursions, faites à diverses reprises dans ces souterrains, ont démontré que le massif, à travers lequel filtrent les eaux, est plein d'anfractuosités; une d'elles, existant sous la maison Roissard, semble donner naissance à la source Fleury, qui n'en est éloignée que de quelques pas.

Cette fontaine et la source Chevillard jaillissent à un quart de lieue de distance l'une de l'autre. La première est chaude; la deuxième est froide et contient une substance bitumineuse : ces sources ont été fort peu employées jusqu'à présent. L'art médical pourrait néanmoins en tirer un excellent parti, surtout de la source Chevillard, qui n'est qu'à dix minutes de la ville, sur la route de Chambéri, dans une position qui permettrait d'en faire un but de promenade fort agréable pour l'étranger. L'eau de cette dernière source est d'ailleurs la seule qui puisse supporter un transport lointain sans se décomposer.

Les eaux d'Alun tarirent tout-à-fait, il y a environ cinquante ans, et prirent, du côté de l'Est, un nouvel écoulement, à plus de cent mètres de celui qu'elles avaient d'abord. La visite de la caverne ayant fait reconnaître que des blocs tombés de la voûte en avaient obstrué les conduits, on les déblaya, et bientôt après les eaux reprirent leur cours primitif.

Des observations, qui datent de temps immémorial, prouvent que les Eaux thermales d'Aix conservent à peu près toujours la même température. On a gardé cependant le souvenir de quelques variations assez remarquables. C'est ainsi qu'en 1755, lors du tremblement de terre de Lisbonne, et en 1783, lors de celui qui bouleversa une partie de la Calabre, les eaux de Soufre se troublèrent et se refroidirent; elles tinrent en suspension, pendant plusieurs heures, des flocons gélatineux, qui se déposaient, sous forme de sédiment bleuâtre; rien de semblable n'eut lieu alors dans les eaux d'Alun, bien que le même phénomène ait été observé, à cette époque, pour un grand nombre de sources thermales étrangères.

En 1822, une nouvelle secousse se fit ressentir dans la direction du N.-N.-Est au S.-S.-Ouest, et réagit encore sur les Eaux. Tout le sol de la Savoie fut fortement ébranlé, surtout aux environs du lac du Bourget et de celui d'Annecy. La source de Soufre resta froide; six heures de temps, elle prit une teinte cendrée et charia, pendant un jour, une grande quantité de matière végéto-animale. Les eaux d'Alun, par une singularité digne de remarque, n'éprouvèrent encore aucun changement (*).

En 1816, les pluies ayant été très-abondantes, il parut aux environs des deux sources principales, d'autres filets d'eau chaude, qui ne tardèrent pas à tarir, et qui furent probablement le résultat d'un trop plein. Les eaux d'Alun s'étaient extrêmement refroidies, et celles de Soufre ne marquaient que 25 degrés.

Dès lors, les sources n'ont pas présenté des variations notables dans leurs qualités physiques ou chimiques; mais celles qu'elles possèdent habituellement, pourraient, indépendamment de leurs propriétés médicales, les

(*) Un fait aussi remarquable c'est que les tremblemens de terre qui ont eu lieu, au nombre de 109, dans la province de Maurienne, à dater du 19 decembre 1838 jusqu'au 18 mars 1840, ainsi que celui qui a eu lieu à Aix même, le 2 janvier 1841, n'ont produit sur les Eaux de Soufre et d'Alun, aucun changement appréciable.

INDICATIONS.

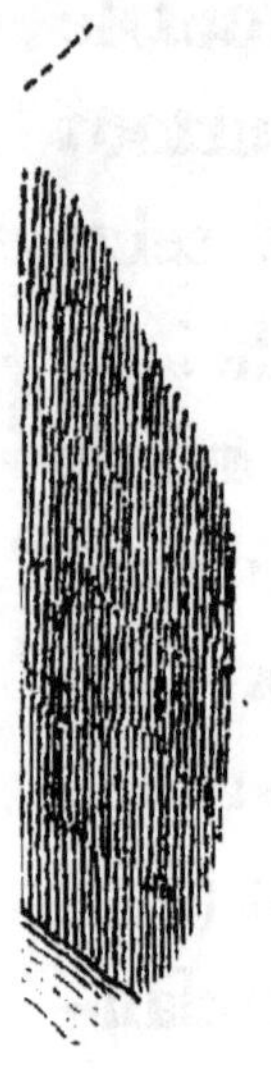

FIG. 1. Perspective de l'entrée de la Grotte des Serpens *a* et de celle des Puits d'Enfer *b*.

FIG. 2. Plan général des Souterrains dans les eaux basses.

c. c. c. Ligne indiquant la séparation du Souterrain connu depuis long-temps d'avec celui découvert le 4 janvier 1835, dans lequel on remarque un Ilot.

d. Orifice par où arrivent les eaux dans les Souterrains.

e. Grand Canal d'écoulement des eaux.

f. f. f. Autres issues d'écoulement dans les eaux moyennes.

g. Ilot Favrin.

h. Partie inférieure des Puits d'Enfer.

i. Issue supérieure de la Grotte des Serpens.

l. l. l. l. Tracé indiquant la place de la route au-dessus des Souterrains.

FIG. 3. Coupe longitudinale des Souterrains, prise sur la ligne *m. m.* du Plan.

n. n. Ligne qui indique le niveau des grandes eaux.

o. o. Ligne qui indique les eaux moyennes.

p. p. Niveau des eaux basses.

r. r. Flèches indiquant le courant d'air dans la Grotte des Serpens.

s. s. Flèches indiquant le courant d'air qui s'établit dans le Puits d'Enfer, quand on en ôte la pierre de regard dans les grandes eaux et dans les eaux moyennes.

s. r. Courant d'air qui a lieu lors des eaux basses.

FIG. 4. Coupe des Souterrains sur la ligne *t. t.* du Plan.

v. Ilot Favrin.

rendre extrêmement utiles dans les arts et l'agriculture. En effet, leur situation au penchant de la colline, leur volume considérable et presque toujours uniforme, permettraient de les appliquer dans plusieurs établissemens industriels. On a remarqué qu'elles sont éminemment propres à la confection du papier, et qu'elles lui donnent la qualité de conserver les couleurs, qui y acquièrent plus d'éclat, pour la peinture au lavis et à l'aquarelle. La faculté qu'elles possèdent de dégraisser et d'assouplir la laine, les ferait employer avec avantage dans les fouleries. Les arts du Teinturier, du Mégissier, du Tanneur, pourraient les utiliser, et elles offriraient à l'Horticulture un moyen facile de maintenir, dans les serres, une chaleur douce et constamment égale. Enfin, rien ne serait plus aisé que d'utiliser cette chaleur pour l'incubation artificielle des œufs de poule en hiver, ainsi que l'a pratiqué M. Darcet à *Chaudes-Aigues* et à *Vichy*, dont les eaux n'ont pas plus de 45 degrés R.

Empressée de s'éclairer de toutes les notions propres à faire connaître la direction souterraine de nos sources minérales, leur profondeur dans le sein de la terre et les causes susceptibles de produire leur refroidissement, l'Administration des Bains a profité du séjour de M.

l'abbé Paramelle en Savoie, pour lui faire examiner les terrains environnans.

Le 5 juillet 1836 fut le jour de l'excursion. M. Paramelle, mon père, Médecin-Directeur de l'Etablissement et plusieurs Membres de la Commission administrative des Bains l'accompagnèrent; je me joignis à la société, et voici le résumé des observations énoncées par cet explorateur et de son opinion personnelle au sujet de nos sources thermales:

1° L'eau dite d'Alun et l'eau dite de Soufre ont la même origine et la même cause calorifique: leur chaleur est dûe à des décompositions chimiques dans le sein de la terre.

2° Ces deux sources proviennent d'un grand nombre de filets d'eau, épars le long de la courbe d'environ 1000 mètres, que décrivent les rochers du *grand Revard* et ceux qui les avoisinent au N.-E. de la commune de Mouxy.

Tous ces filets se réunissent ensuite au-dessous du rocher de *St.-Victor*, lieu où se bifurquent les deux sources, jusqu'à leur orifice respectif de sortie, en suivant une ligne presque droite de l'Est à l'Ouest.

3° La profondeur des deux sources n'est pas la même; l'eau d'*Alun* coule beaucoup plus superficiellement que sa voisine, de là le refroidissement plus prompt et plus grand de la première, après des pluies abondantes.

4° La source *Fleury* n'est qu'un filet détaché de la source d'eau d'Alun.

5° On pourrait prévenir l'altération des eaux thermales d'Aix et augmenter vraisemblablement leur chaleur, en fermant le soupirail qui se trouve près du rocher de St.-Victor et en détournant les eaux froides qui passent non loin de là, surtout dans les grandes pluies ou à la fonte des neiges.

6° La différence et la proportion des principes minéralisateurs des deux espèces d'eau seraient par conséquent dûes à la nature des terrains que ces eaux parcourent dès leur bifurcation ; c'était déjà l'opinion de Bleton et de Thouvenel.

Bleton était un simple paysan à qui la présence des sources souterraines donnait un mouvement fébrile et un état nerveux qui allait quelquefois jusqu'à la défaillance.

En 1784, le Dr Dacquin et le Physicien Thouvenel essayèrent de suivre le cours de nos Eaux thermales à l'aide de Bleton. Le résultat de leurs expériences fut que leur origine était commune vers le Nord-Est et que leur point de division était à une demi-lieue environ de la ville, sur le territoire de la paroisse de Pugny.

§. 2.

PROPRIÉTÉS PHYSIQUES.

Les propriétés physiques des Eaux d'Aix, qui méritent particulièrement d'être examinées, sont : leur couleur, leur odeur, leur saveur, leur pesanteur spécifique, leur volume, leur dépôt et leur chaleur.

Couleur. — L'eau d'Alun observée, tant dans les bassins qui la reçoivent, au sortir du rocher que dans le *Bain royal*, présente une teinte légèrement verdâtre, dûe aux conferves et *detritus* qui en tapissent les parois.

L'eau de Soufre, tombant immédiatement dans les cabinets de douches et de bains, où règne beaucoup de propreté, n'offre pas la même teinte.

Toutes deux, examinées dans un vase de cristal, sont d'une limpidité parfaite; on aperçoit, seulement dans les eaux de Soufre, prises à la source, le dégagement d'une multitude de bulles gazeuses, qui viennent crever à la surface et obscurcissent un instant leur transparence.

Odeur. — Les deux sources ont une odeur d'œufs couvés, ou d'acide hydro-sulfurique, qui cependant est moins prononcée dans l'eau d'Alun. Cette odeur est insensible à la sortie du rocher. Elle ne commence à se développer qu'au bout de quelques secondes de leur exposition à l'air ; vingt-quatre heures après, elles sont parfaitement inodores.

Saveur. — Si la présence de l'acide hydro-sulfurique ne se manifeste pas constamment à l'odorat, elle se reconnaît toujours au goût : car, après avoir bu une verrée d'eau minérale, on ne tarde pas à éprouver des rapports nidoreux qui sont d'autant plus fréquens que des circonstances favorisent davantage le dégagement du gaz hydrogène sulfuré.

Leur saveur varie suivant l'état de l'air. Très-sensible dans les temps d'orage et lorsque l'atmosphère est chargée d'électricité, elle devient moindre dans les temps chauds et lorsque la pression atmosphérique diminue. Elle est d'ailleurs un peu nauséabonde et laisse une impression douceâtre.

Pesanteur spécifique. — La pesanteur spécifique des deux espèces d'eau est à peu près la même et dépend de la température qu'elles ont au moment de l'expérience. Tant que les eaux sont chaudes, leur densité restant moindre, l'aréomètre, ainsi que l'a remarqué Socquet, s'y enfonce d'un degré et demi au-dessous de zéro. Refroidies, cet instrument se maintient à un quart de degré au-dessous de ce point, et s'écarte peu de la densité spécifique de l'eau distillée.

D'après M. Bonjean, la pesanteur spécifique de l'eau de soufre comparée à celle de l'eau distillée est de 100,01.

Volume. — La source d'eau de Soufre produit, d'après Francoeur, vingt litres par seconde, c'est-à-dire douze hectolitres par minute, et un million sept cent vingt-huit mille litres par vingt-quatre heures. Qu'on ajoute à cette quantité, l'eau d'Alun, dont le volume est presque moitié de celui de la précédente, et l'on aura une idée de la masse énorme des eaux thermales qui sont à la disposition de l'établissement.

Dépôts. — On remarque dans le grand canal rectangulaire qui conduit les eaux de Soufre au réservoir de distribution, un dépôt de couleur sombre, composé d'une multitude de filamens onctueux au toucher, se déchirant à la manière des substances fibreuses, et laissant au goût une saveur fade, légèrement styptique.

On trouve des dépôts analogues dans le bassin de la source de St.-Paul, au fond du souterrain, appelé *cul-de-lampe*, et dans le bain royal. Ceux-ci ont plus de consistance et se rapprochent davantage, par leur aspect, des mousses et des lichens, tandis que les premiers sont presque entièrement formés par une substance végéto-animale, appelée *glairine* par Anglada, et *batraço-sperme* par quelques naturalistes, à cause de sa ressemblance au frai de grenouilles. L'influence de la lumière du soleil la colore en vert, d'une manière manifeste.

Chaleur. — La chaleur des eaux est bien différente, lorsqu'on l'observe dans les réservoirs extérieurs, ou dans les souterrains qu'elles se sont creusés naturellement. Au fond de la *Grotte des serpens*, le thermomètre marque quelquefois 40° R. (120 Farenheit). Les *Bouillons* et les cabinets de l'*Enfer* donnent 35° R. (110 F.); le nouveau *Vaporarium* peut élever la chaleur de l'atmosphère de ses cabinets à 27° R. (91 F.); la *Division du centre* fournit l'eau à 34° R. (104 F.); enfin, dans la division *des Princes*, qui est mieux aérée et plus vaste, cette chaleur dépasse rarement 33° R. (103 F.).

La température des eaux de Soufre varie à peine en hiver; mais, après de fortes ondées d'orage ou des pluies prolongées, elle s'abaisse de quelques degrés, et il lui faut un certain temps pour revenir à sa chaleur normale. Celle des eaux d'Alun, au contraire, s'abaisse promptement de 4 à 5 degrés dans la saison des pluies, et remonte avec rapidité, aussitôt que les causes du refroidissement ont cessé.

La plupart des auteurs qui ont écrit sur Aix, s'accordent à dire que l'eau commune, portée au même degré de chaleur que ces eaux thermales, se refroidit plus rapidement que celles-ci. L'un d'eux assure même que l'eau ordinaire, portée à 80° degrés R., perd, en deux heures, 60°, tandis que l'eau thermale n'en perd que 15 en 12 heures. Les dernières expériences que j'ai faites, pour m'assurer de la réalité de cette assertion, ne m'ont point donné les mêmes résultats. Elles tendent au contraire à appuyer celles de M. Bonjean. D'après lui, l'eau ordinaire est, de toutes, celle qui se refroidit le plus vite; vient ensuite celle d'Alun, puis celle de Soufre, enfin, l'eau distillée. L'eau ordinaire, portée à 45 degrés centigrades, n'exige que 118 minutes pour descendre à 25; l'eau d'Alun 127, l'eau de Soufre 131 et l'eau distillée 135, toutes circonstances égales d'ailleurs.

Si on plonge la main dans l'eau de Soufre ou d'Alun, sans l'agiter, l'impression de la chaleur est sensiblement moins forte que lorsqu'on lui imprime du mouvement. Cette observation est importante pour celui qui prépare les bains; car la sensation qu'il éprouve lui tient souvent lieu de thermomètre.

Malgré la température élevée des Eaux d'Aix, De Saussure dit, dans son savant ouvrage sur les Alpes (Vol. 3.), qu'on trouve des animaux vivans dans les bassins qui les reçoivent, et qu'il y a reconnu lui-même des rotifères, des anguilles et d'autres animaux infusoires.

Nous y avons observé, M. Fontan et moi, à l'aide d'un excellent microscope d'*Amici*, des naviculaires, plusieurs variétés d'oscillaires, entre autres, l'*oscillaria tenuissima*, ayant un cinq-centième de millimètre de longueur.

Cause présumée de la chaleur des Eaux thermales. — Les savans sont encore divisés sur la cause de la chaleur des Eaux thermales. Plusieurs d'entre eux ont attribué cette chaleur au jeu de l'affinité chimique des corps qui existent dans les entrailles de la terre.

Barri et *Lemaire* expliquent cette chaleur par la fermentation; *Steffens*, par l'action de grandes piles voltaïques, produites par l'alternat des couches qui forment l'enveloppe corticale du globe.

Etmuler, *Valmont-de-Bomare, Godefroi*, pensent que cette chaleur est dûe à la décomposition des pyrites ; *Martinet*, à l'électricité ; *Paul Dubé* et *Verner*, à la combustion lente des mines de charbon fossile ; *Davy*, à la décomposition de l'eau et à l'oxidation, dans l'intérieur du globe, des métaux qui forment la base des terres et des alcalis.

Rullman, dans sa description de Wisbaden, exagérant le système de Kepler, imagine que le globe est un animal doué de vitalité, et que les eaux minérales appartiennent à ses sécrétions.

D'Omalius d'Halloy explique aussi cette chaleur par le feu central. « On conçoit, dit-il » (*El. de Géologie*, *p*. 428), qu'au milieu de » l'amas de décombres qui composent la croûte du globe, il se trouve non seulement des » interstices suffisans pour laisser passer des » courans de matière liquide ; mais qu'il doit » y en avoir d'autres plus resserrés qui ne laissent passer que des gaz plus ou moins échauffés. Or, dès qu'un de ces tuyaux naturels » sera en communication, sous des conditions » favorables, avec de l'eau, il la transformera » en eau thermale ou minérale, selon la nature et la température du fluide mis en contact ; de même que dans nos laboratoires, » on fait des eaux minérales factices, au moyen » des gaz que l'on introduit dans l'eau ordinaire, par des tuyaux artificiels. »

La plupart des physiciens et géologues modernes, reconnaissant, avec ce dernier, l'insuffisance des causes énumérées par les anciens pour expliquer l'uniformité de la chaleur des eaux thermales, ont recours, comme lui, au feu central. Voici leur théorie.

Le calcul a prouvé aux astronomes que notre planète a précisément la forme qu'elle aurait dû prendre, si elle avait été primitivement fluide. Les observations faites sur la température intérieure de l'écorce du globe, dans les plus grandes profondeurs qu'il ait été possible d'atteindre, démontrent aussi que cette écorce est douée d'une chaleur indépendante de celle que le soleil développe à sa surface; que cette chaleur augmente avec la profondeur, et que, suivant Cordier, elle peut être évaluée, terme moyen, à un degré centigrade pour vingt-trois mètres de profondeur, d'où il résulterait qu'à 2 kilomètres, elle atteindrait la température de l'eau bouillante, qu'à 10 myriamètres (ou moins de 1/60 du rayon terrestre), elle serait suffisante pour fondre la plupart des roches connues. Enfin, la physique nous apprend qu'une partie de cette chaleur devant se perdre dans les espaces planétaires, par l'effet du rayonnement, il en résulte un refroidissement continuel. On est donc fondé à conclure que, d'une part, il se trouve en-dessous de l'écorce du globe une masse immense à l'état de fluidité ignée, et d'autre part, que la partie extérieure de cette masse fluide tend à passer à l'état solide et à se réunir à la partie inférieure de l'écorce.

Ces différentes considérations sont la base du système géogénique qui rencontre aujourd'hui le plus de partisans, d'après lequel :

1° Notre planète a été primitivement à l'état de *fluidité incandescente*, entourée d'une atmosphère composée des fluides élastiques actuels et d'une foule de matières sublimées.

2° La cause calorifique ayant cessé, un des premiers effets de l'abaissement de température a été la *coagulation* d'une croûte solide, ou un premier mode de formation de roches du haut en bas.

3° Une partie des matières sublimées s'est ensuite précipitée sur la terre; elle vint ajouter une nouvelle croûte solide, dans un sens différent de la précédente, c'est-à-dire de bas en haut; c'est la *précipitation atmosphérique*.

4° Dès que le refroidissement du globe a permis que l'eau y restât fluide, un autre mode de formation a eu lieu par voie humide; c'est la *précipitation aqueuse*.

5° Enfin, après la consolidation de l'écorce, a eu lieu l'*éjaculation*, ou la poussée en dehors d'une portion du liquide intérieur, qui a produit les soulèvemens des montagnes et les coulées de roches pyroïdes. Elle s'est répétée plusieurs fois, à des époques souvent fort éloignées. C'est encore aux effets de cette poussée intérieure que nous devons les éruptions actuelles des volcans, les tremblemens de terre et tous les phénomènes qui s'y rattachent ; enfin, l'existence des sources thermales.

1° Le foyer des sources thermales est à une grande profondeur, puisque les eaux les plus chaudes sont souvent entourées de glaciers ; telles sont celles de Louëch dans les Alpes, celles du Jumnotri et autres sources chaudes des monts Himalaya.

2° Le plus grand nombre d'elles existe dans des contrées qui ont subi autrefois l'action du feu, telles que les Cordillières, les Pyrénées, les montagnes de l'Auvergne, ou qui la subissent encore aujourd'hui, comme celles de Naples et de la Sicile.

3° La recherche de leur composition chimique y a fait découvrir, en général, les carbonates de chaux, de magnésie, de fer; les chlorures de *calcium*, de *sodium*; les sulfates de soude, de chaux, de magnésie; des traces de silice; les gaz qu'elles charient sont d'ordinaire les gaz carbonique, azote, hydro-sulfurique, c'est-à-dire, les mêmes que dégagent les cratères des volcans en activité.

4° La matière végéto-animale ou glairine qu'on trouve dans presque toutes les eaux sulfureuses, se rencontre aussi dans les eaux d'Ischia, les vapeurs de la Solfatara, de Pouzzole et du Vésuve.

5° J'ajouterai que l'eau chaude obtenue récemment au puits artésien de Grenelle semble confirmer encore cette théorie.

Il est donc vraisemblable que les eaux thermales doivent leur chaleur aux feux souterrains.

Cette hypothèse, adoptée par le célèbre De Laplace, et qui paraît la seule admissible dans l'état actuel de nos connaissances, est confirmée par les observations de Humboldt, Cordier, William Fox, Daubuisson, Debuch, etc.*; par la distribution générale des eaux chaudes sur toute la surface du globe; enfin, par la rapidité avec laquelle agissent sur un grand nombre d'elles à la fois, les tremblemens de terre et les éruptions des volcans.

* Pendant un voyage que j'ai fait, il y a quelques années, dans le Comté de Cornouailles, je suis descendu dans les mines de *Potalak* et dans celles de *Dolcooth*, dont les galeries sont à plus de mille pieds au-dessous du niveau de l'océan, et j'ai constaté que dans toutes, la température est d'autant plus élevée qu'on s'y enfonce davantage. Aux mines dites *United-mines*, l'eau des travaux inférieurs m'offrit une température de 8° plus élevée que celle de

§. 3me

PROPRIÉTÉS CHIMIQUES.

Analyse. — Quand on considère que les eaux thermales sont généralement adoptées comme moyens de guérison, même dans les maladies qui ont résisté à toutes les ressources thérapeutiques, et que les principes médicamenteux y sont en quantité minime, proportionnellement aux effets qu'ils produisent sur nos corps, on est porté à croire que les cures heureuses qu'elles opèrent sont dûes moins à la quantité des élémens fixes et volatils contenus dans ces eaux, qu'à un état de combinaison particulier, ou à l'action de principes qui se sont dérobés jusqu'ici à nos recherches : c'est pourquoi la véritable analyse, celle qui convient spécialement aux Médecins des Eaux, comme l'a remarqué judicieusement Boirot-Desservier, consiste dans l'observation rigoureuse des effets qu'elles produisent sur l'économie animale.

Le Dr Bertrand du Mont d'or a dit, en par-

l'atmosphère. Cette eau devait avoir peu perdu de sa chaleur primitive, car elle jaillit avec une grande rapidité et en volume énorme : la force de la machine à feu, employée pour l'élever, est de 308 chevaux, et son cylindre a sept pieds anglais de diamètre.

lant des propriétés des eaux thermales : « Sont-elles toutes du ressort de la chimie ? Le fluide électrique, le magnétique, le galvanique, la lumière dans tel état, le calorique dans tel autre, s'ils n'agissent pas sur leurs principes constituans, ne concourent-ils pas du moins à l'effet qu'ils produisent, en prédisposant nos corps à les subir ! Ces eaux, ainsi transportées dans nos laboratoires ne sont-elles pas dans une condition presque analogue à celle des fluides extraits de l'économie animale, où l'analyse trouve tout, hormis le principe de vie. » Cette idée déjà émise par Chaptal, lorsqu'il avouait qu'en décomposant les eaux minérales, *on n'en disséquait que le cadavre*, sera confirmée par le tableau suivant, dont les analyses disparates serviront aussi à prouver le vague et l'incertitude qui doit exister dans la composition des eaux minérales artificielles. D'ailleurs, toute imitation où l'on n'aura tenu aucun compte de la *glairine*, cet ingrédient si remarquable, que le professeur Dumas a reconnu récemment exister à Aix, *dans un état particulier d'activité moléculaire*, sera nécessairement imparfaite. Elle ne servirait qu'à augmenter le nombre de ces *Nymphes bâtardes*, ainsi que les nommait le célèbre Bordeu.

On voit d'après le tableau ci-joint, que

ales d'Aix-en-Savoie.

fre.	Alun.	Fleury.	Chevillard.
	Jh. BONJEAN.		
204	0,08010	0,06310	0,0093
578	0,01334	0,01820	0,0069
140	»	»	0,0291
»	»	»	0,0058
»	0,01840	0,02710	»
850	0,18100	0,17860	0,1900
587	0,01980	0,02625	0,0160
886	0,00936	0,01020	0,0090
602	0,04240	0,05610	0,0420
480	0,06200	0,06000	»
527	0,03100	0,03350	0,0282
600	0,01500	0,01660	0,0020
»	»	»	»
798	0,01400	0,01700	»
721	0,02200	0,02460	0,0215
»	»	»	»
500	0,00430	0,00380	0,0040
§	§	»	»
§	§	§	»
	»	»	»
249	0,00260	0,00280	»
			»
§	»	»	»
†	†	†	†
§	»	»	»
200	0,00724	0,04335	0,0373
000	0,41070	0,47000	0,3500
12	45°	47°	14°
,010	100,025	100,020	100,021

les sources minérales d'Aix forment quatre Divisions d'Eaux bien distinctes.

1° *Une source sulfureuse thermale*, dite de *Soufre*, de l'espèce des sulfhydriquées d'Anglada.

2° Une autre *source thermale*, dite d'*Alun*, de la classe des *sulfureuses dégénérées*, le principe sulfureux que ses eaux renferment se détruisant, dans leur cours souterrain, par l'oxigène de l'air qui y circule. Comme elle contient de l'acide carbonique libre, on peut encore la placer parmi les eaux *gazeuses*.

3° Une source sulfureuse froide, dite *Chevillard*, comprises dans les *sulfureuses sur-sulfhydratées*, parce que l'acide sulfhydrique s'y montre à la fois libre et combiné. C'est à tort qu'on l'a négligée jusqu'ici, cette eau offrant sur les autres, l'avantage de pouvoir être transportée sans perdre beaucoup de ses propriétés.

4° Une source *ferrugineuse crénatée*, située à St.-Simon, près d'Aix, dans laquelle M. Fontan a constaté la présence de l'acide apocrénique.

La source *Fleury* ressemble à l'eau d'Alun, sauf qu'elle exhale par fois une forte odeur d'hydrogène sulfuré.

La source de Soufre est sans contredit la plus importante de toutes, tant par son usage médical que par les phénomènes divers auxquels elle donne naissance. Il faut bien remarquer que l'ingrédient sulfureux s'y trouve tout entier à l'état libre, tandis que presque toutes les eaux sulfureuses analysées jusqu'ici sont minéralisées par un sulfure ou sulfhydrate. C'est en faisant l'étude de ce principe sulfureux dans son mélange avec la vapeur d'eau et en dissolution dans l'eau elle-même, que M. J. Bonjean est parvenu à trouver la solution de plusieurs faits intéressans qu'on n'avait point encore cherché à approfondir. On savait depuis long-temps qu'il se formait de l'acide sulfurique dans beaucoup d'eaux minérales sulfureuses ; mais personne n'avait encore démontré, comme il l'a fait, que l'acide sulfhydrique répandu à l'état de gaz dans l'air humide, se convertit en totalité en eau et en acide sulfurique, sans *dépôt de soufre* ni formation préalable d'*acide sulfureux*, et que l'acidification a lieu dans l'air et sans l'intermède des bases ; tandis qu'au contraire, lorsque ce gaz est en dissolution dans l'eau, il se décompose au contact de l'air, en *déposant du soufre*. Il a prouvé ensuite, par diverses expériences faites sur la vapeur des eaux de Soufre, en y exposant différens métaux, qu'au milieu même d'un grand excès d'air humide, ces métaux s'emparent du soufre de l'acide sulfhydrique, et empêchent la combustion de ce métalloïde par l'oxigène. Les sulfates de fer et de cuivre, que l'on rencontre dans les diverses parties de l'établissement, proviennent donc de la transformation des *sulfures* en *sulfates*, et non pas de l'action immédiate de l'acide sulfurique; ce que l'on avait toujours pensé *.

La source de Soufre se distingue encore des trois autres par la présence d'un iodure et d'une assez grande quantité de glairine qui se manifeste, au contact de l'air, à son arrivée dans les douches. Lorsque cette eau se trouve altérée par les pluies ou la fonte des neiges, la glairine est remplacée par une autre substance analogue, appelée par M. Bonjean *glairidine*. Un fait remarquable, c'est que l'eau de Soufre, la glairidine et la *boue d'alun*, renferment une combinaison d'iode, tandis que la glairine et l'eau d'alun elle-même n'en contiennent pas. Enfin, les eaux de Soufre, d'Alun et de la fontaine Fleury contiennent du sulfate de fer, du phosphate de chaux et du fluorure de calcium. Celles de Soufre et d'Alun seules renferment du carbonate de strontiane. M. le Dr Fontan range les eaux de Soufre et d'Alun parmi celles qu'il a nommées eaux sulfureuses accidentelles.

* Profitant des conseils de M. le Professeur Dumas, je suis parvenu à neutraliser l'action corrosive de cet acide sur la pierre calcaire, le bois et les métaux employés dans notre établissement thermal, en les enduisant d'une peinture au lait, ayant pour base le sulfate de baryte, et recouvrant cet enduit d'une couche d'huile de lin siccative.

Selon lui, ces eaux contiennent leur principe sulfureux à l'état de sulfure de calcium, ce qu'il a cherché à prouver par les faits suivans. 1° Lorsqu'on fait bouillir ces eaux trois quarts d'heure, à vase clos, sans aucune communication avec l'air extérieur, il ne se dégage qu'une très-faible portion du principe sulfureux; la plus grande partie reste dans la liqueur. 2° Lorsqu'on traite par l'acide arsénieux, l'eau reste complètement incolore, tant que cet acide existe seul; mais si l'on ajoute une goutte d'acide nitrique ou d'acide hydrochlorique, l'eau se colore aussitôt en jaune serin d'autant moins intense que le principe sulfureux y est moins abondant.

D'un autre côté, M. le Prof. Berthier, Inspecteur-Général des mines de France, membre de l'Institut etc., s'est aussi occupé de nos Eaux. L'efflorescence saline spontanée qui se trouve au fond de la grotte des eaux de Soufre a fixé son attention d'une manière toute spéciale : et voici la note qu'il a insérée, à ce sujet, dans la troisième livraison des Annales des mines de l'année 1837.

« Cette substance vient de la grotte canaliculaire d'où sort la source d'eau minérale dite de Soufre. Elle se trouve sur les parois, un peu au-dessus du niveau de l'eau. La grotte est ouverte dans une masse de calcaire argileux et pyriteux.

« La matière saline est en petites masses formées d'aiguilles blanches, juxta-posées, molles et flexibles comme de l'amiante. Lorsqu'on les laisse exposées à l'air, elles deviennent assez promptement d'un jaune d'ocre pâle, à la surface, tandis qu'elles restent blanches, à l'intérieur. Quand on fond cette matière, elle se fond facilement dans son eau de cristallisation, bouillonne, se dessèche ; et, à la chaleur blanche, elle se change en une masse terreuse d'un jaune pâle, en laissant dégager de l'acide sulfureux et de l'acide sulfurique. Elle se dissout complètement dans l'eau : mais la liqueur est un peu louche, quand les morceaux dissous ont été altérés à la surface. L'analyse a donné :

Alumine	0,100	prenant acide sulfurique	0,233
Magnésie	0,020		0,077
Protoxide de fer	0,020		0,045
Acide sulfurique	0,463		
TOTAL	0,603		0,355

C'est donc un sulfate triple, composé comme suit :

Sulfate d'alumine	0,333	15 at.	3 at.
Sulfate de magnésie	0,117	15	3
Sulfate de fer	0,085	10	2
Eau de cristallisation	0,465	415	85
TOTAL	1,000		

« Les sels combinés renferment chacun la même quantité d'eau de cristallisation qu'à l'état libre, car on trouve que, dans cette supposition, cette quantité serait de 0,435.

« Cette substance est analogue à l'*alun de plume*; elle provient en partie de la réaction des pyrites en efflorescence sur la roche calcaire et argileuse qui sert de gangue à celle-ci; mais, comme on est certain maintenant que le gaz hydrogène sulfuré qui se dégage de l'eau minérale, se transforme en acide sulfurique, en se répandant dans l'air, on doit admettre que cet acide contribue pour beaucoup à sa production. Les parties des parois de la grotte qui sont formées de pierre calcaire, à peu près pure, sont recouvertes d'une croûte souvent assez épaisse de sulfate de chaux saccharoïde, d'un beau blanc et dans lequel on ne trouve aucune trace d'autres sulfates. »

La roche des cavernes *S.-Paul* n'est pas pyriteuse comme celle de la grotte des Eaux de Soufre; M. Bonjean l'a trouvée formée de :

Silicate d'alumine,	0,010
Carbonate de magnésie,	0,014
Per-oxide de fer,	0,015
Carbonate de chaux,	0,961

§. 4me

PROPRIÉTÉS MÉDICALES.

Pour traiter cet article *ex professo*, il faudrait réunir un grand nombre d'histoires de maladies, entrer dans tous leurs détails et les faire suivre de considérations pratiques étendues, ce qui m'entraînerait loin des limites de cet opuscule. Je m'attacherai donc seulement ici à examiner le mode d'action des Eaux d'Aix sur l'économie et à énumérer les affections qui ont été traitées avec succès par elles; j'y ajouterai enfin quelques observations pratiques, propres à diriger le médecin et le malade dans leur emploi.

DE L'ACTION DES EAUX EN GÉNÉRAL.

L'action de nos Eaux sulfureuses, sur l'homme à l'état de santé de même que sur l'homme malade, est excitante dès qu'on administre ces eaux à une température plus élevée que celle de la chaleur animale. A l'intérieur, elles stimulent la membrane qui tapisse les voies digestives; et, suivant qu'elles sont plus ou moins digérées, elles augmentent l'appétit ou déterminent l'inappétence, la constipation ou la diarrhée. Prises à l'extérieur, elles accélèrent le pouls, donnent une sorte de fièvre, de l'agitation et finissent par amener de la chaleur à la peau, quelquefois suivie d'une abondante sueur et quelquefois d'un écoulement considérable d'urines. Ce sont ces évacuations mêmes qui servent de crises et amènent la guérison dans un grand nombre de maladies chroniques.

Cependant, quoique cette méthode soit la plus générale, et que l'art de *doser l'excitation minérale*, ait fait dès long-temps à Aix des progrès réels, l'expérience a appris récemment à modifier tellement les eaux, qu'il en est résulté un mode de traitement multiple qu'on varie suivant les cas. Moyennant ces additions utiles, qui se perfectionnent chaque année, on peut réduire à trois, les espèces de médication suivies actuellement dans nos Thermes.

1° La *médication excitante*, au moyen des douches, des étuves et des bains chauds.

2° La *médication déprimante*, par les affusions tièdes et les bains d'une température au dessous de la chaleur du sang, long-temps prolongés.

3° La *médication perturbatrice*, au moyen de la douche écossaisse, alternativement chaude et froide.

Ces trois manières d'agir ont toujours pour

but de répartir les mouvemens organiques d'une manière uniforme et générale ; une détente est produite dans la partie où la vitalité se trouvait accumulée , et l'équilibre est rétabli.

En recommandant ces eaux dans un grand nombre de maladies chroniques , nous sommes loin cependant de dire qu'on en puisse user indifféremment. Ce remède n'est pas innocent , comme le pensent quelques personnes qui n'ont jamais visité nos sources minérales ou qui les ont mal étudiées. En effet, on a vu souvent des individus qui, ayant voulu essayer des douches ou des étuves d'Aix , sans être malades , se sont donné des maux qu'ils n'auraient jamais eu. D'un autre côté , il ne se passe pas d'années que de véritables malades n'aggravent considérablement leur état , en voulant modifier à leur gré le traitement qui leur a été prescrit , ou bien en suivant l'avis des doucheurs ou des doucheuses , que conduit une aveugle routine.

Ce sont des considérations de ce genre et bien d'autres encore qui ont fait dire avec justesse que *les bons médecins faisaient les bonnes eaux*.

Malgré les considérations qui précèdent , et afin qu'on puisse se former une idée plus juste de leur manière d'agir , j'indiquerai 1° leur action physiologique sur les divers organes et leurs principales fonctions ; 2° leur influence sur l'économie, d'après l'âge, le sexe et le tempérament.

DU MODE D'ACTION DES EAUX SUR LES DIVERS ORGANES ET LEURS PRINCIPALES FONCTIONS.

Action des Eaux sur les organes de la digestion.

L'Eau d'Alun, aussi bien que l'Eau de Soufre, prise en boisson, dans les proportions convenables, stimule doucement les voies digestives. Toutes deux provoquent dans l'estomac une sensation agréable de chaleur, et n'excitent pas de vomissemens. Il est rare qu'elles pèsent ou qu'elles occasionnent des renvois. L'augmentation d'appétit est un des premiers effets qu'elles produisent. Il n'est pas rare de voir réveiller la sensation de la faim chez des personnes qui, depuis long-temps, l'avaient perdue. Elles augmentent la sécrétion de la bile, qui circule plus librement, et dont l'action se manifeste bientôt par une plus grande énergie dans les fonctions digestives. Ces eaux, de même que celles de S.-Simon, ne jouissent de propriétés laxatives que lorsqu'on leur donne une action mécanique, en les administrant à forte dose. Bues en grande quantité, elles augmentent la sécrétion urinaire; de là vient qu'elles soulagent les malades atteints de la gravelle, en leur faisant rendre une portion souvent considérable de graviers; (on peut voir au musée pathologique, que j'ai formé dans l'Etablissement thermal, plusieurs concrétions semblables, rendues par des malades qui buvaient nos Eaux). Quant à la manière d'agir de la source de S.-Simon, dont on retire tant d'avantages dans la chlorose, l'anémie, les gastrites chroniques et gastralgies, la leucorrhée, etc., elle m'a toujours páru plus tonique et moins stimulante que les Eaux de Soufre et d'Alun. Il est aussi une circonstance dont il faut tenir compte dans son action, c'est que se trouvant placée à vingt minutes de la ville, elle devient pour les malades le but d'une excursion matinale à la fois agréable et utile.

Ainsi que l'a prouvé l'analyse, ces trois espèces d'Eau ne contiennent qu'une très-petite portion de sels et de particules minérales: aussi faut-il se rappeler qu'on doit en faire usage long-temps, pour comprendre la raison de leur efficacité médicinale. C'est vraisemblablement dans cette impression lente, mais souvent répétée, que consiste une partie de leur puissance curative dans les modifications morbides qu'elles sont appelées à guérir d'une manière douce et sans secousse.

Action des Eaux sur l'enveloppe cutanée.

Les deux sources de Soufre et d'Alun, sous quelle forme qu'on les prenne, et pourvu que leur température ne soit pas au-dessous de 26 degrés Réaumur, augmentent la calorification de la peau, ouvrent les pores et provoquent la transpiration.

Si ce mouvement du centre à la circonférence est entretenu plusieurs jours, et qu'on prenne des bains de plus en plus prolongés, ainsi qu'on le pratique à Louësch, la peau devient le siége d'une éruption, à laquelle on a donné le nom de *poussée*, dont il sera question plus tard.

Il est rare qu'on puisse supporter au premier contact la chaleur naturelle de nos eaux. Les personnes nerveuses et irritables étant plus que les autres sujettes à ressentir cet effet, il existe pour elles des bains et des douches mitigées qui leur permettent de prendre ces mêmes eaux sans inconvénient.

La transpiration, qui s'établit, surtout lorsque, après la douche, on a soin de se couvrir chaudement, et qu'on boit en même temps quelques verrées d'eau thermale, tend à assouplir la peau, à la rendre plus perméable et la transforme toute entière en une sorte de *crible vivant*, par où s'éliminent les principes d'une infinité de maladies. D'autre part, le bain chaud, la douche et l'étuve, en faisant affluer à la peau une quantité plus considérable de sang et de liquides, en débarrassent les viscères et les organes intérieurs, et produisent une révulsion à la fois mécanique et vitale.

Action des Eaux sur les organes respiratoires.

L'excitation produite par l'usage des Eaux d'Aix, prises en boisson et en douche, ne se borne pas seulement à l'organe cutané, elle porte encore son action sur la membrane pulmonaire, qui devient le siége d'une exhalation plus active.

Les bains de vapeurs surtout paraissent favoriser singulièrement l'expectoration; de là vient qu'on les emploie avec avantage chez les personnes atteintes de catarrhe chronique.

On ne peut s'empêcher d'attribuer d'ailleurs à l'action sédative des gaz que renferment les Eaux, et notamment à celle du gaz azote, les effets calmans qu'elles produisent chez certains asthmatiques, mais principalement dans un grand nombre d'irritations de la gorge, qui menaçaient de dégénérer en phthisie laryngée.

Nous avons vu ainsi des artistes chanteurs recouvrer à Aix, l'usage de la voix, après avoir vainement tenté toute autre espèce de remèdes.

Il n'est pas douteux que les Eaux d'Aix, étant astringentes, ne puissent agir encore, dans ce cas à la manière du gargarisme de Bennati.

Action des Eaux sur la circulation.

On ne peut douter que la portion d'eau absorbée dans les systêmes artériel, veineux et capillaire, n'agisse, à son tour, comme excitant du cœur et des vaisseaux sanguins. Cette action est si évidente qu'elle se manifeste au bout de peu de jours, par une excitabilité plus grande. Un sentiment de chaleur insolite à la peau et surtout aux extrémités, chez ceux qui les avaient ordinairement froides, se fait sentir, les urines deviennent plus chargées; quelquefois même il y a malaise général, échauffement, insomnie; et ces symptômes prennent assez d'intensité pour former un véritable accès fébrile. Cet état, loin d'être alarmant, est presque toujours d'un bon augure, il fait présager une guérison prochaine. Voici comment on explique cet effet curatif.

L'ébranlement général, communiqué à l'ensemble de l'économie par cet accès, se fait aussi sentir dans la partie souffrante, il change le mode de vitalité de l'organe malade, et modifie la composition matérielle de ses élémens. Des sucs qui auparavant embarrassaient le jeu des parties, rentrent dans le torrent de la circulation et vont se déposer à la peau chargée de les éliminer.

On conçoit, d'après ce qui précède, de quelle utilité nos Eaux doivent être dans le traitement des maladies provenant de la stagnation du sang dans les veines ou d'une altération de la lymphe.

Action des Eaux sur la nutrition.

Quant aux organes destinés à l'assimilation, les eaux n'agissent pas de la même manière chez tous les individus ; il est des personnes qu'elles semblent faire maigrir, et d'autres auxquelles elles donnent de l'embonpoint. Aux premières se rapportent celles dont la fibre est molle et chez qui la corpulence tient à un relâchement du tissu cellulaire qui admet un plus grand nombre de particules graisseuses que dans l'état normal.

Les personnes, au contraire, auxquelles les Eaux donnent de la corpulence, sont celles qui, quoique douées d'une bonne constitution se sont émaciées par l'effet de la douleur ou par la faiblesse des vaisseaux qui transmettent les sucs nourriciers jusques dans leurs dernières ramifications.

Dans ces deux cas, les Eaux, en redonnant aux organes les forces qui leur manquaient pour accomplir plus parfaitement l'acte de la nutrition, n'agissent pas toujours d'une manière prompte. Ce n'est que deux ou trois mois après leur usage que surviennent les changemens que je viens de signaler.

Action des Eaux sur les organes de la reproduction.

Des observations qui datent de temps immémorial, ont appris que les Eaux d'Aix, prises en boisson, en bains et en douches générales ou locales, stimulent et fortifient les organes générateurs. Rien ne prouve mieux cette action que leur efficacité bien reconnue dans la leucorrhée et le catarrhe de la muqueuse urétrale. Je pourrais en outre citer bon nombre de jeunes femmes stériles que nos Eaux ont rendues fécondes, en faisant disparaître la faiblesse ou les engorgemens de l'appareil uterin. Un autre fait qui vient à l'appui des précédens, c'est qu'il est peu de femmes qui, pendant la cure d'eau thermale, n'aient leurs époques menstruelles avancées de quelques jours ; ces évacuations périodiques sont aussi en général plus abondantes et accompagnées de moins de malaise et de douleur.

Action des Eaux sur le système nerveux et de leur effet moral.

Après avoir indiqué quel était l'effet des Eaux

sur la digestion, la circulation, la respiration, l'organe cutané, etc., il nous resterait à dire comment elles agissent sur le cerveau, la moëlle épinière et les dépendances du système cérébro-spinal dont l'ensemble régit toute l'économie; mais la crainte de n'avancer que des hypothèses hasardées fait que je n'essaierai pas de soulever ici le voile épais dont sont encore enveloppées les fonctions du système nerveux. Je me bornerai à dire que les Eaux tendent à augmenter sa vitalité, et que, si elles ont obtenu du succès dans les paralysies, suites d'épanchement, c'est probablement en augmentant le travail de l'absorption, en détruisant des gonflemens, des endurcissemens, des compressions ou des collections de sérosités dans la gaine vertébrale, les cavités des hémisphères cérébraux, etc.

Quant aux affections spasmodiques et aux paralysies qui existent sans lésions organiques, c'est vraisemblablement en rétablissant l'équilibre et le cours ordinaire de l'innervation qu'elles agissent si favorablement. (L'on peut consulter à ce sujet, les Observations de Médecine pratique de mon père et le *Bulletin des Eaux* publié par moi en 1835 et 1838).

En examinant les effets physiques des Eaux sur nos organes, il est nécessaire aussi de tenir compte des dispositions heureuses qu'une cure d'eau minérale ne peut manquer de faire naître sur le moral des malades. Le changement d'air, d'habitude, de régime, l'aspect d'une nature nouvelle, l'éloignement des affaires et souvent des causes qui ont déterminé l'affection, tout, dans ces circonstances, semble aider l'action thérapeutique des Eaux, et mettre l'esprit dans des conditions favorables à la guérison.

DE L'INFLUENCE DES EAUX SUR L'ÉCONOMIE D'APRÈS L'AGE, LE SEXE ET LE TEMPÉRAMENT.

De l'Influence des Eaux d'après l'âge.

Le bain tiède, qui est la forme la plus simple d'administrer les Eaux, convient en général à tous les âges, puisqu'il favorise l'exhalation cutanée, sans ébranler l'économie.

L'extrême mollesse qui caractérise l'organisation de l'enfance, la perméabilité extraordinaire de la peau jointe à la faiblesse propre à cette période de la vie, doit rendre plus circonspect à son égard et n'exiger que des bains de courte durée. Aussi voyons-nous les enfans s'ennuyer bientôt dans un bain, à moins qu'ils ne puissent y jouer et s'y distraire par le mouvement.

Pour eux, les bains de piscine, dont l'action tonique est encore favorisée par l'exercice, sont préférables à tous les autres. On doit être circonspect à leur égard dans l'usage de la douche et surtout de l'étuve. L'adulte est celui qui supporte le mieux l'usage de ces moyens, sans crainte de s'affaiblir; mais c'est surtout dans l'adolescence et la virilité que les Eaux peuvent être prises sous toutes les formes, pourvu que la maladie n'ait pas réduit les individus à un trop grand état de faiblesse, condition dans laquelle il y aurait danger évident.

Nos bains chauds, mais de courte durée, sont surtout utiles aux vieillards, d'après ce précepte de Phylostrate, *senecta hominum balnea calida* etc. parce qu'ils préviennent, chez eux, des révulsions funestes vers les organes intérieurs, facilitent le jeu des articulations et s'opposent aux maladies de la peau, si fréquentes à cet âge, surtout lorsqu'on a soin de les accompagner des frictions et du massage. Galien, en traitant du régime des vieillards, cite l'exemple de *Telephus* le grammairien qui parvint à l'âge le plus avancé « parce qu'il se baignait, deux fois par mois, en hiver, quatre fois, pendant l'été, trois fois dans les saisons intermédiaires, et que ces bains étaient accompagnés d'onctions et de frictions d'une durée médiocre. »

Il est prudent de n'employer pour les vieillards que des douches très-mitigées et des bains de vapeur autant que possible par encaissement, afin de prévenir toute congestion au cerveau. Quant à la douche écossaisse, on conçoit que l'endurcissement des tissus, le peu de perméabilité de la peau, la tendance au ramollissement de la masse cérébrale, sont trop grands à cet âge, pour que l'affusion froide prolongée ne leur soit pas plus ou moins contraire.

De l'influence des Eaux d'après le sexe.

La constitution particulière et relativement plus faible des femmes exige qu'on emploie pour elle des excitans moins énergiques. Tous les organes et toutes les fonctions sont facilement activées. La mobilité nerveuse prédomine ; aussi doit-on mettre beaucoup de circonspection dans l'usage des bains, des étuves et surtout des douches. Leur durée sera plus courte que pour les hommes, et ils seront pris à des intervalles moins rapprochés.

Elles feront bien de ne s'exposer aux douches et spécialement à celles d'Enfer ou de la Division centrale de l'Etablissement que quelques jours après et plusieurs jours avant la période menstruelle. Pendant cette époque, il ne convient pas qu'elles se baignent dans l'eau minérale même tiède, car il pourrait en résulter une suppression dangereuse, et elles s'exposeraient aux maladies graves qui en sont habituellement la suite. La boisson des Eaux seule leur est permise alors, pourvu qu'elles en diminuent la dose habituelle.

Elles devront s'abstenir, surtout pendant les deux premiers mois de la grossesse, de toute espèce de douches ou de bains d'eau minérale.

Les femmes ayant une sensibilité plus exquise et des tissus plus lâches que les hommes, les bains de piscine paraissent leur convenir de préférence, à raison des actes locomoteurs auxquels elles peuvent s'y livrer. Ceci s'applique plus particulièrement encore aux jeunes personnes condamnées trop souvent, dans leur enfance, à une inaction qui favorise la débilité musculaire et la disposition lymphatique et nerveuse, sources des nombreuses maladies du système osseux.

De l'influence des Eaux d'après le tempérament.

L'expérience prouve que les Eaux d'Aix conviennent spécialement aux sujets dont les tissus sont lâches et moux, dont les chairs sont pâles, étiolées, dont la peau est décolorée et flétrie et qui sont doués d'un tempérament lymphatique. Par l'usage des bains d'Eau de Soufre et d'Alun, puis des douches graduées, ils acquièrent bientôt une énergie inaccoutumée; la peau devient plus rouge, mieux nourrie, plus colorée, pour ainsi dire, plus vivante, ce qui réagit sur tout le reste de l'économie.

Les autres variétés de tempéramens peuvent aussi, suivant les maladies dont les individus sont atteints, retirer de grands avantages des Eaux d'Aix.

Les personnes à tempérament sanguin, ont besoin de plus de ménagement, surtout dans l'emploi des douches; car les Eaux favorisent chez elles la tendance anx inflammations, et j'ai souvent remarqué que le sang devenait plus couenneux et contenait par conséquent plus de fibrine, sous l'influence de cette médication. Cette observation m'a paru offrir quelque intérêt après les curieux et récens travaux de MM. Andral, Dumas et Gavarret, sur les variations que peut subir la composition du sang.

Les personnes à tempérament bilieux sont plus sujettes que les autres à ressentir des dérangemens dans les fonctions digestives, pendant qu'elles font usage des Eaux. Elles ne tardent pas, en général, à avoir la bouche amère, à éprouver de l'inappétence pour les alimens; mais ces symptômes ne doivent en aucune manière alarmer; ils se dissipent le plus souvent par le repos, et en faisant usage d'une tisane amère rendue légèrement laxative.

Les personnes à tempérament nerveux ont besoin de plus de circonspection encore que les autres, dans l'emploi des Eaux. Leur manière de sentir varie tellement qu'il serait difficile de tracer ici une règle générale de traitement. Le plus souvent, on est obligé d'employer pour elles un traitement mixte, c'est-à-dire, tantôt tempérant par les bains tièdes et amidonnés, tantôt perturbateur au moyen de la douche écossaisse. Les aspersions froides m'ont paru quelquefois utiles pour elles, lorsqu'elles étaient plongées dans le bain chaud et j'ai connu des malades très-nerveux à qui la piscine faisait le plus grand bien, mais qui ne pouvaient la supporter sans cette précaution.

MALADIES TRAITÉES PAR LES EAUX.

Voici l'indication des maladies dans lesquelles les Eaux d'Aix sont généralement employées, ainsi que les ont classées mon père et mon aïeul, d'après leur affluence dans notre Etablissement. Cette classification est bâsée sur une expérience de près de cent années.

1° Le rhumatisme.

2° Les maladies de la peau.

3° Les affections scrofuleuses ou lymphatiques.

4° Les maladies chroniques des os.

5° Les syphilides.

6° Les paralysies.

7° Les affections nerveuses proprement dites.

8° Les maladies anomales provenant d'un état général de faiblesse ou d'énervation.

Voici, sur chacune d'elles, le résultat de notre expérience.

I. Le *rhumatisme musculaire* est une maladie trop commune, pour devoir m'y arrêter long-temps. Mais parmi les rhumatismes articulaires, il en est une espèce tellement spécialisée par sa forme et ses symptômes que je ne puis m'empêcher d'en dire quelques mots. Cette variété de rhumatisme qu'on pourrait appeler *rhumatisme articulaire gommeux* affecte généralement les individus lymphatiques et ceux qui habitent les lieux bas et humides. Les Anglais et les Hollandais en sont fréquemment atteints. Il est caractérisé par un gonflement *blanc* des articulations, une tuméfaction spongieuse qui crépite même quelquefois sous la pression, comme de la gelée épaisse. Cet état est peu douloureux au toucher; mais il ne rend pas moins les membres impotens, tant par l'effet de la dilatation des cartilages, que par l'écartement des espaces inter-osseux ; c'est une espèce de *diastasis* spontanée qui altère constamment les rapports des surfaces articulaires entre elles.

Nos douches en arrosoir avec la plus forte pression (27 pieds), des linimens alkalins, et des pommades iodurées administrées sous l'influence des bains de vapeur, qui en rendent l'action plus pénétrante, une compression sagement mesurée et rendue constante par l'application de bandes de flanelle, forment l'ensemble ordinaire d'un traitement dont l'avantage nous est confirmé par de nombreux succès.

Dans le rhumatisme articulaire et la goutte chronique, qui ont entre eux tant d'affinité, il ne faut recourir aux Eaux d'Aix qu'à une époque fort éloignée de l'état aigu. On peut toujours dans ces cas espérer du soulagement et l'éloignement des accès, mais rarement une guérison complète.

Lorsqu'il existe des rétractions tendineuses, suite de rhumatisme ou autres causes, nous employons avec avantage, outre la douche, des appareils variés, mais fort simples, destinés à agir en sens inverse de la rétraction (on peut en voir des modèles dans le Musée Pathologique de l'Etablissement).

II. Les *maladies de la peau* si nombreuses,

si variées et presque toujours si rebelles, forment la seconde catégorie des maux pour lesquels on accourt à nos bains. Les eaux d'Aix sont ici employées sous toutes les formes et avec le plus grand succès, en boisson, en étuves, en bains et en douches. Ces moyens ne suffisent pas toujours; souvent il faut y joindre des auxiliaires; et, selon l'âge des malades, leur constitution, la violence et la chronicité du mal, le médecin est obligé de recourir à des dépuratifs intérieurs, ou à des moyens externes qui rendent la peau plus impressionnable à l'action des eaux. Dans ce but, nous avons fréquemment fait entrer, mon père et moi, l'usage de l'électricité, pour le traitement des dartres et de certaines éphélides. Cette médication combinée avec l'action des Eaux est nouvelle : car nous n'en trouvons aucune trace dans Nairne, dans Bertholon, ni dans les auteurs modernes qui ont traité du fluide électrique comme moyen curatif; c'est pourquoi je me plais à la signaler ici, pour encourager mes collègues à faire de nouveaux essais.

Les maladies de la peau dans lesquelles on obtient presque toujours du soulagement sont les suivantes : les croûtes laiteuses ou *porrigo; lichen simplex*, *prurigo mitis*, *pemphigus chronique*, *psoriasis*, *pytiriasis*, *gale invétérée*, *ecze-*

ma chronique, *impetigo*. En général, les dartres pustuleuses sont celles qui guérissent le mieux par les eaux d'Aix. Biett les ordonnait de préférence aux individus mous et lymphatiques, et il avait raison.

111. Les *affections scrofuleuses* affluent à Aix de plus en plus, chaque année. Ici cependant, comme dans la plupart des maladies invétérées, il est rare que les eaux guérissent *toutes seules*. Le régime, un pansement méthodique, la cautérisation, sont souvent de bons auxiliaires; souvent aussi nous devons y ajouter des pommades iodurées, le massage, une compression graduée, etc. D'autres fois, particulièrement quand les malades se trouvent à l'une de ces époques heureuses appelées *climatériques*, où la nature n'a besoin, pour agir toute seule, que d'être mise en position de le faire, rien ne nous réussit mieux que les bains de natation. L'art seconde alors puissamment les efforts de la nature, il la soutient, et elle opère facilement le mouvement organique universel que Bordeu appelait, d'une manière si juste, un *remontement général de l'économie*, qui produit quelquefois de vrais miracles de guérison.

Les maladies lymphatiques, de même que les affections tuberculeuses, reconnaissent pour causes l'inaction musculaire, les habitudes sédentaires du luxe, l'excès des travaux qui ne mettent en jeu qu'une classe de muscles, en un mot, toutes celles qui affaiblissent, énervent et disposent à la phthisie.

Les bains de natation, dans un milieu aussi tonique qu'est l'eau de nos piscines, en redonnant de la force à tout l'organisme, s'opposent efficacement à ces causes, en même temps qu'ils sont un puissant secours pour combattre la prédisposition aux affections tuberculeuses pulmonaires. Leur avantage est d'autant plus marqué qu'ils aident puissamment au développement de la cavité de la poitrine, dans laquelle se trouve l'organe essentiel qui devient plus souvent le siége des tubercules.

Quant aux tumeurs scrofuleuses, il est rare de les voir se résoudre complètement par le seul usage des eaux.

IV. Les maladies des *os* et des *articalations* sont peut-être celles où nos méthodes thermothérapeutiques ont fait faire le plus de progrès à l'art médical. Sans parler des accidens qui suivent les foulures, les fractures, les luxations, pour lesquelles, depuis long-temps, on a reconnu l'efficacité de nos Eaux, je signalerai d'abord les cas les plus graves des affections osseuses, c'est-à-dire, les luxations spontanées, les tumeurs blanches, la nécrose et la carie.

Voici ce qu'écrivait à mon père un médecin de Neufchâtel, le D^r De Castella, placé à la tête de l'Hôpital-Pourtalès, en lui parlant de deux malades à qui l'on devait amputer le bras pour une carie du coude, qui avait eu pour principe une tumeur blanche dégénérée.. « Vos Eaux ont fait un vrai miracle chez Mlle B* dont le bras est tout-à-fait guéri. Je ne pouvais pas en croire à mes yeux, quand je l'ai revue ; plus de carie plus de fistules, plus d'ulcères. Une demi-ankilose belle et bonne remplace ces maux qui, à mon avis, ne pouvaient céder à aucun traitement et exigeaient nécessairement l'amputation du bras. Recevez, mon cher confrère, mon compliment bien sincère de cette belle cure... Désormais on n'osera plus tenter d'amputation avant d'avoir essayé l'efficacité des Eaux d'Aix, pour ces sortes de maux, et vos bons soins.... Voilà trois cas de guérison bien remarquables que j'ai vus opérer par vous : une fille de B.., avec une tumeur blanche ulcérée au genou, la femme D.. et Mlle B... » (Deux de ces cas se trouvent représentés en cire au musée pathologique de l'Etablissement).

Un autre cas non moins remarquable est celui du Dr Bremont du Pont-St.-Esprit, resté impotent à la suite d'une luxation du fémur.

M. Bremont, âgé de 50 ans et d'une forte constitution, montait un cheval rétif qu'il voulut dompter. Le cheval se cabra, le cavalier glissa sur sa croupe et dans cet instant l'animal tomba de tout son poids sur M. B... Le choc fut violent ; la cuisse droite, portant à faux, fut déboîtée, et la jambe se raccourcit bientôt de plusieurs pouces. Ce ne fut que 25 jours après l'accident que la tête du fémur put être remise dans sa cavité. Il dut résulter de nombreux accidens de cet état de choses ; mais enfin, la période d'irritation passée, vint celle d'amaigrissement, de faiblesse et d'impotence. M. B... arriva à Aix trois mois environ après l'accident ; il ne pouvait faire alors aucun mouvement de progression sans aide, ni se tenir debout sans appui.... Dix douches le mirent sur pied ; vingt douches lui permirent de quitter une de ses béquilles et de se promener avec l'autre dans son appartement. Trente douches ont suffi pour lui permettre de les quitter toutes deux ; et, dès le mois suivant, il a pu reprendre son service médical au pont Saint-Esprit, ne conservant plus de son accident qu'une légère claudication.

Les entorses, les fausses ankiloses, les sinus fistuleux avec carie des os, ainsi que les extoses vénériennes et autres, guérissent à Aix ; mais il faut souvent plusieurs mois pour y parvenir.

Dans les *plaies d'armes à feu*, l'action des

Eaux est beaucoup plus prompte, l'élimination des corps étrangers et des esquilles commence dès les premiers bains. Semblables à celles de Barèges, elles favorisent la formation des cicatrices, et fortifient celles qui, tendres encore, ont besoin d'être raffermies.

V. J'appellerai ici *syphilides* toutes les affections dans lesquelles le virus vénérien joue un rôle, quels qu'en soient la *forme*, l'*aspect* et les *complications*. Il existe, au sujet de ces maladies, un préjugé contre nos Eaux, et il importe d'autant plus de le détruire qu'il éloigne des établissemens thermaux bien des personnes pour la guérison desquelles l'usage des Eaux sulfureuses est un auxiliaire *indispensable*.

Je ne m'occuperai pas ici de discuter les opinions des auteurs sur la nature de ce mal et sur les modifications que peuvent y apporter les diverses complications dont il est susceptible; les discussions sont oiseuses quand les faits parlent; mais, en résumant la longue expérience de mon père qui, le premier, a fait marcher ensemble pour ce genre de traitement, les bains, les étuves, la boisson des eaux et les diverses préparations mercurielles, j'affirmerai avec certitude, que nous guérissons à Aix presque *toutes* les affections chroniques de ce genre, quelles que soient leur forme et leur intensité, quand on veut apporter à la cure le temps et la persévérance convenables. J'ajouterai de plus, comme un point fort important de pratique, *qu'il ne faut jamais interrompre* un traitement commencé, dès qu'il agit sur le mal d'une manière manifeste ; en effet, si l'on vient à interrompre intempestivement la marche progressive du mieux, nous observons qu'il faut toujours, quand on reprend la cure, un temps beaucoup plus long pour obtenir les mêmes résultats.

Les syphilides qui affectent les formes tuberculeuses et squammeuses sont celles qui m'ont paru guérir à Aix le plus promptement. Dans les formes les plus singulières et les plus voilées des maladies vénériennes, et lorsqu'on ne saurait que les soupçonner, les Eaux les développent et permettent de les traiter ensuite efficacement. Dans ce genre d'affection, de même que dans la *pseudo-syphilis*, elles remédient aux ravages du mercure administré sans ménagement, et en réparent les pernicieux effets.

VI. Les *paralysies* que nous avons eu à soigner depuis huit ans, ont été fort nombreuses. Nous en avons vu de toute espèce : des émiplégies, des paraplégies récentes, anciennes, idiopathiques et symptomatiques, et nous les avons toutes traitées avec plus ou moins de succès. Parmi ces dernières ; je signalerai d'une manière plus spéciale les paralysies résultant de la maladie vertébrale de Pott. La condition essentielle pour leur guérison est d'arriver aux Eaux en *temps opportun*. Trop tôt, c'est-à-dire, lorsqu'il existe de la *turgescence* inflammatoire, ou quand le mal n'a pas été circonscrit ou arrêté dans sa marche, on ne peut administrer les Eaux avec succès, parce qu'il est impossible de le faire avec la force nécessaire pour rappeler la vie dans les membres rendus paralytiques par la compression de la moelle-épinière ou du cerveau. Trop tard, c'est-à-dire, lorsque le mal est parvenu à son plus haut période, et quand les muscles sont émaciés, ou qu'il existe un ramollissement de la masse céphalo-rachidienne, il est au-dessus des ressources de l'art.

Un cas de paralysie dont la guérison a marché avec une rapidité bien remarquable est celui de madame N... de Seyssel. Frappée d'émiplégie en août 1834 et traitée convenablement dès le début, le bras seul était resté sans mouvement et avait perdu toute sensibilité, lorsqu'elle arriva à Aix, dans le courant de juillet 1835. Traitée par la douche à forte percussion, la glace sur la tête, l'électricité, le massage, la brosse et des embrocations huileuses volatiles, la malade ne tarda pas à en éprouver les plus heureux effets. La première douche rappela le mouvement dans l'épaule et la sensibilité jusqu'au coude ; la seconde rendit le mouvement aux muscles du bras et la sensibilité jusqu'au poignet ; la troisième procura du mouvement à l'avant-bras, et ramena la sensibilité jusqu'à l'extrémité des doigts ; enfin, à la quatrième, la malade quitta son écharpe, et bientôt elle ne conserva plus rien de sa paralysie que le souvenir.

Les paralysies partielles qui sont la suite de coups, de chutes, de coliques saturnines, de maladies longues, de fièvres typhoïdes, etc., sont quelquefois guéries par nos Eaux ; mais elles le sont presque toujours radicalement, lorsqu'elles sont la suite d'une répercussion de maladie cutanée.

Dans certaines paralysies locales, mon père a employé avec avantage, en même temps que les Eaux, la machine *électro-dynamique* de M. Bonijol de Genève.

VII. Un ordre de *névroses* très-commun aujourd'hui parmi les baigneurs, c'est la nombreuse classe des affections spasmodiques. C'est aussi l'une de ces catégories des infirmités humaines pour lesquelles autrefois on ne venait jamais à Aix, et c'est dans le traitement de ces singulières affections que les bains prolongés, les étuves, la natation, la méthode pertubatrice de la douche écossaise et l'électricité procurent de grands avantages. Nous avons traité avec succès, par une sage combinaison de ces divers moyens, plusieurs cas de névroses épileptiformes, une éclampsie, des danses de St-Guy, des tics douloureux, des affections hystériques, des gastralgies, des névroses localisées dans différens appareils organiques de l'abdomen.

En 1835, Mme A...., épouse d'un ingénieur français a présenté un cas remarquable de guérison de névrose. La maladie débuta chez elle par le clignotement des yeux et des paupières, auquel se joignirent bientôt des mouvemens convulsifs des différens muscles de la face. Ces mouvemens n'étaient accompagnés d'aucune douleur ; mais augmentant peu à peu, ils avaient fini par la gêner sensiblement pour lire, pour travailler de ses mains et pour se livrer à ses occupations domestiques. Enfin cette affection durait depuis six années, lorsqu'une douleur rhumatismale amena l'été dernier madame A... à Aix. Ayant réclamé les soins de mon père, ce dernier connaissant le puissant effet qu'exerce l'électricité sur l'appareil qui préside à l'innervation, lui proposa de guérir tout à la fois le tic et le rhumatisme. Les premiers essais furent tellement heureux qu'elle sollicitait chaque jour l'administration de plus fortes étincelles, en même temps que les eaux en boisson, en bains et en douches, agissaient directement sur le rhumatisme, et sécondaient puissamment les effets de l'électricité. Un traitement de trois semaines a suffi pour faire disparaître tout-à-fait le mouvement convulsif.

Dans la *sciatique* ou névralgie *fémoropoplitée* on n'obtient du soulagement à Aix que par une médication douce et graduée; les frictions violentes qu'on employait autrefois, sont aujourd'hui complètement supprimées; on les a avantageusement remplacées par l'*irrigation continue*, les bains très-tempérés et l'étuve. (Sur 50 malades atteints de sciatique, 34 sont partis dans un état apparent de guérison; les autres ont été plus ou moins soulagés, à l'exception de trois qui étaient d'un tempéramment très-nerveux et chez qui le mal s'est exaspéré.)

Quant aux *hypocondriaques*, si ingénieux à se tourmenter eux-mêmes, ils trouvent dans les Eaux autant que dans les distractions nombreuses que leur offre le séjour d'Aix, un remède efficace à leurs maux.

Un état que j'ai vu quelquefois considérablement amendé par la douche écossaise sagement administrée, c'est la *susceptibilité nerveuse*, lorsqu'elle existe comme le prodrôme ou l'avant-coureur des névroses proprement dites. Je veux parler de cet état remarquable où *chaque impression un peu vive qu'on ressent, touche aux limites de la douleur*. Ceci est d'autant plus important que cet état d'irritabilité habituelle physique et morale ne constitue à lui seul que la période d'imminence d'une classe de maladies très-difficiles à guérir, et que c'est dans cette période surtout qu'il est donné au médecin de pouvoir conjurer l'orage, en régularisant l'influx nerveux et les forces organiques qui en dépendent.

Le succès dépend ici de la graduation de température de la douche écossaise, qui est presque la seule employée; car si la masse d'eau qui sert à l'affusion, ainsi que sa température, ne sont pas parfaitement en rapport avec la sensibilité du sujet, on risque d'aggraver ses maux. Le médecin, dans ce cas, ne saurait s'en rapporter aux doucheurs, et il est presque toujours obligé de graduer l'eau lui-même.

VIII. *Maladies anomales que constitue un état général de faiblesse ou d'énervation.* L'état pathologique qui accompagne ces sortes de maladies n'étant pas toujours le même, on ne saurait déterminer d'une manière précise les symptômes qui le constituent ou le caractérisent; ce n'est pas un mal local, souvent même on ne saurait dire qu'il existe une indisposition réelle, générale ou particulière. Mais le malade sent qu'il est au-dessous de son état *moyen* de santé; il est abattu, affaibli; tantôt ce sont des sueurs atoniques qu'il éprouve; d'autres fois c'est un état de pâleur et de chlorose. Chez ceux-ci ce sont les organes de la digestion qui souffrent, chez ceux-là ce sont les organes des cavités thoracique et abdominale : ces derniers cas en imposent presque toujours pour le *spinitis*. Ici, c'est un empâtement général du tissu cellullaire sous-cutané, qui se laisse abreuver de *serum*, faute de ton et de vitalité; là, c'est un étiolement analogue à celui des plantes, qui fait que la charpente osseuse ne peut soutenir la masse des parties molles. Chez quelques-uns, c'est le développement de la puberté qui se fait avec peine; chez tous enfin, il y a faiblesse générale, apathie, découragement.

Dans ces circonstances, et quelle que soit la lésion organique qui préside à cet ordre de symptômes, rien n'est plus utile que la douche vive, mais de courte durée, la natation dans l'eau thermale, la douche écossaise et la méthode perturbatrice. C'est par des moyens aussi simples que nous sommes parvenus à prévenir les déformations de la taille chez de jeunes personnes qui en étaient ménacées. On comprendra surtout ici l'avantage de nos piscines, lorsqu'on se rappellera qu'une étude approfondie des moyens mécaniques et gymnastiques destinés à agir sur l'épine dorsale, en sens inverse de la pesanteur, ont amené les médecins qui s'occupent le plus des difformités, à prononcer que la seule position horisontale modifie les courbures presque aussi puissamment que tous les moyens mécaniques proposés pour la cure des déviations de l'*épine*. En tête des exercices qui ont lieu dans la position horisontale, ils ont placé la natation, à cause de l'influence salutaire qu'exerce un milieu tonique dont l'agitation variable détermine sur la peau une friction universelle.

C'est enfin par ces mêmes moyens, modifiés selon l'occurence, que nous avons vu cesser, comme par enchantement, des palpitations, prises à tort pour des anévrismes, des hémorragies passives, des leucorrhées, la stérilité, suite de la faiblesse des organes utérins, des œdèmes et des bouffissures de la peau, l'incontinence d'urine des enfans au lit, l'aménorrhée et la chlorose.

MALADIES DANS LESQUELLES LES EAUX SONT NUISIBLES.

Il est des maladies pour lesquelles les Eaux d'Aix sont contre-indiquées, et des personnes auxquelles elles ne valent absolument rien, telles sont celles qui sont atteintes d'affections aigues et d'un grand excès d'irritabilité ; celles qui sont d'une complexion débile et cachectique ou épuisées par des pertes et de longues souffrances ; celles qui ont une tendance au *carus* et autres affections soporeuses ; celles qui sont sujettes à l'hémoptysie ou aux congestions cérébrales ; celles qui sont atteintes d'abcès internes, d'hydropisie de poitrine, d'anasarque.

Elles sont nuisibles, en général, aux personnes très-grasses ou pléthoriques, dans les anévrismes du cœur et des gros vaisseaux, les épanchemens sanguins ou séreux dans les cavités, et dans toutes les dégénérescences squirreuses ou cancéreuses.

On doit les défendre aux poitrinaires, lorsqu'il y a fièvre lente ou hectique, amaigrissement général, sueurs nocturnes et partielles, diarrhée, en un mot, lorsqu'ils ont atteint la seconde ou la troisième période de la phthisie pulmonaire.

Enfin, il est un certain nombre de maladies pour lesquelles il serait nuisible de prendre les eaux d'Aix d'une manière continue. Ceci a lieu quand le malade est d'une constitution délicate, nerveuse et facilement irritable ; lorsque, pendant la cure, les forces diminuent d'une manière sensible, lorsqu'il survient des pesanteurs de tête, des vertiges, de l'inappétence pour les alimens; alors il faut nécessairement un jour ou deux, et même davantage, entre le bain, la douche ou l'étuve. On peut même établir, en thèse générale, qu'il faut interrompre l'emploi des bains de quelque espèce qu'ils soient, dès qu'on perd les forces, le sommeil ou l'appétit.

RÉSUMÉ.

J'ai cru ne pouvoir mieux terminer cet aperçu sur les propriétés médicales de nos Eaux, qu'en présentant le résumé suivant des maladies que j'ai observées à Aix, pendant les huit dernières années. Ce tableau m'a paru assez clair pour ne pas nécessiter de commentaires. Je me bornerai seulement à faire observer que si le chiffre des guérisons est faible en apparence, c'est que, pour être vrai, je n'ai dû signaler que celles qui m'étaient bien connues et en omettre peut-être un grand nombre qui ont eu lieu après l'usage des Eaux, mais sur lesquelles je n'avais pu recueillir que des renseignemens incertains.

TABLEAU SYNOPTIQUE

des maladies observées dans ma pratique d'Aix,

de 1832 *à* 1841.

	Maladies.	Guéries.	Améliorées.	Stationnaires.	Empirées.	Somme.
I.	Rhumatismales	104	231	47	8	390
II.	de la peau	40	63	59	7	169
III.	Lymphatiques	63	39	5	0	107
VI.	Chroniques des os	38	42	12	0	92
V.	Syphilitiques	23	47	1	8	79
VI.	Paralytiques	13	39	3	1	56
VII.	Nerveuses	15	19	0	14	48
VIII.	Anomales	17	34	16	6	73
	Somme totale . .	313	514	144	43	1014

CHAPITRE III.

De l'Etablissement Thermal.

FAÇADE DE L'ÉTABLISSEMENT.

§ 1.er

HISTORIQUE DE L'ETABLISSEMENT THERMAL JUSQU'EN 1815.

L'établissement thermal d'Aix-en-Savoie ne consistait primitivement que dans la grotte existante encore aujourd'hui à la source de l'eau de Soufre ; cette grotte était partagée en deux, par une muraille destinée à séparer les malades des deux sexes qui se rendaient à Aix annuellement en assez petit nombre.

En 1780, le roi VICTOR-AMÉ III chargea le

Cte Nicolis de Robilant, qui déjà avait visité, par son ordre, les bains les plus célèbres de France, d'Italie et d'Allemagne, de construire un établissement plus convenable, et ce fut d'après les dessins de cet habile ingénieur que s'éleva le grand édifice auquel on donne maintenant le nom de Batiment Royal.

L'emplacement sur lequel il fut construit était occupé par une maison, au centre de laquelle l'eau, sortant de la grotte, formait une petite piscine où se baignaient les pauvres. En creusant les fondations, on trouva des restes considérables de thermes romains, et au dessous de ceux-ci d'autres bains dont l'origine est incertaine. Les atterrissemens qui couvraient ces décombres ne permettent pas de douter que le sol n'ait été considérablement exhaussé, soit par le débordement d'un torrent qui passait autrefois dans la ville, soit par les incendies et les catastrophes du moyen âge, qui transformèrent ces thermes en un amas de ruines.

Le *Bâtiment Royal*, tel qu'il fut achevé en 1783, contenait deux divisions, l'une pour les hommes, l'autre pour les femmes, composées chacune de deux cabinets de douche et d'une étuve appelée *bouillon*. Il renfermait en outre deux cabinets souterrains pour les pauvres, et une division spécialement réservée à nos princes.

Quatre ans plus tard, le Gouvernement jugea nécessaire d'y établir un médecin directeur des Eaux ; mon aïeul * eut l'honneur d'occuper le premier cet emploi et d'y donner, en cette qualité, ses soins à plusieurs membres de la Famille Royale.

Jusqu'à la Révolution de France de 1789, le nombre des étrangers venant aux Bains ne dépassait pas cinq à six cents; mais alors, beaucoup de familles distinguées ayant émigré, Aix devint momentanément le rendez-vous d'une grande quantité de personnages marquans.

Les troubles qui accompagnèrent le commencement de l'occupation de la Savoie, en 1792, par l'armée française, amenèrent une diminution sensible dans le concours des baigneurs ; il reprit ensuite progressivement pendant le Directoire, le Consulat et l'Empire ;

* JOSEPH DESPINE, Médecin honoraire du Roi et de la Famille Royale, membre des Académies de Turin, de Lyon, d'Edimbourg. Il fut chargé par le Gouvernement d'introduire dans les Etats l'inoculation qu'il avait étudiée en Angleterre et en France. Nommé Médecin-Directeur des Eaux d'Aix, en 1787, par S. M. Victor-Amédée III, il n'a cessé, pendant 45 ans, d'y venir donner ses soins aux malades, et a terminé son honorable et longue carrière, en 1830, à l'âge de 95 ans. Il a été remplacé par mon père, Ch.-H.-A. Despine, membre des Sociétés académiques de Turin, de Montpelier, d'Amsterdam, de Louvain, de Savoie et d'Arras, qui remplissait déjà, depuis 1815, les fonctions de Médecin-Directeur-adjoint.

sous ce dernier Gouvernement, le nombre des malades s'éleva jusqu'à douze cents.

La famille Bonaparte montra une prédilection particulière pour ces Eaux, et successivement JOSEPHINE, Mme MÈRE, la princesse BORGHÈSE, la reine HORTENSE, et plus tard, S. A. I. MARIE-LOUISE, vinrent en éprouver les effets salutaires.

Pendant qu'Aix trouvait dans son sein des moyens croissans de prospérité et de bonheur, d'autres circonstances contribuaient encore à en activer le développement. Ainsi les nouvelles routes du *Mont-Cenis*, du *Simplon*, des *Echelles*, établissaient des relations plus faciles entre les peuples de l'un et de l'autre côté des Alpes. Le transport avantageux des marchandises par le lac du Bourget, le canal de Savière et le Rhône, formait l'objet d'entreprises commerciales florissantes et actives. Enfin, la grande route militaire de Paris en Italie, dont le tracé était fait, devait, après avoir longé la rive orientale du lac, traverser cette ville, ainsi que toute la vallée.

Ces différentes circonstances, et surtout la réputation croissante des Eaux d'Aix, déterminèrent le Gouvernement à adopter, en 1812, un plan magnifique pour l'embellissement de la ville et des Thermes. Plus d'un million de fr.

était bilancé à cet effet ; mais les désastres de Moscou et l'invasion du territoire par les Alliés en empêchèrent l'exécution.

Par le traité de Paris, en 1814, la France conserva une portion du Duché, dans laquelle la ville d'Aix se trouvait comprise : mais le traité de Vienne la remit sous l'autorité de la Maison de Savoie.

L'Administration française faisait gérer l'établissement par un fermier, auquel il était, en outre, alloué un droit de 20 centimes sur les bains pris à domicile. Ce fermier payait par contre une somme annuelle de 3000 fr. qui se versait dans la caisse des Hospices de Chambéri, après en avoir prélevé le traitement de 1000 fr. assigné au Médecin-Inspecteur des Eaux. Aussi, sauf les réparations indispensables à l'entretien des bâtimens, les seules améliorations faites, pendant les 25 années de domination française, se bornèrent à l'érection d'une fontaine extérieure sur la façade principale, et à la construction de deux cabinets de douches, dans le Quartier des Princes. Un hôpital militaire avait été créé dans la ville, pour le service de l'armée des Alpes ; la dislocation de ce corps le fit supprimer. Il n'en fut pas de même de la fondation faite en 1813 par la reine Hortense d'un hospice pour les baigneurs indigens, fondation qui fut confiée aux *Sœurs de S.-Joseph* et qui subsiste encore aujourd'hui.

§. 2me

HISTORIQUE DE L'ETABLISSEMENT
DEPUIS LA RESTAURATION.

Avec des moyens pécuniaires bien inférieurs à ceux de l'Empire, la Restauration donna néanmoins une impulsion nouvelle aux vues de perfectionnement ; et chaque année vit se réaliser des améliorations importantes, tant au dehors qu'au dedans de l'établissement thermal. Pour ne pas fatiguer le lecteur par des détails trop étendus, je me bornerai à en indiquer le sommaire.

1816 — Séjour du roi Victor-Emmanuel en Savoie et à Aix. Réparation générale des bains, douches et étuves ; on y consacre 12,000 fr. Le fermage est aboli. La mendicité est bannie de la ville et de son territoire, pendant toute la saison des Eaux.

1817 — Création d'une Commission administrative économique des Bains, par délégation de M. l'Intendant-Général du duché. Tous les revenus de l'Etablissement sont abandonnés par les Finances Royales, pour être employés à des améliorations.

1818 — L'Etablissement se libère des dettes antérieures. Constructions nouvelles près la source d'Alun, pour pouvoir y administrer des bains de vapeurs, des douches locales et des boues minérales. Douches à forte percussion dans le grand édifice. Introduction de plusieurs nouveaux appareils.

1819 — Remplacement de tous les conduits servant à la distribution des eaux. Emploi de tuyaux de plomb de forme cylindrique, fermés hermétiquement sur toute leur longueur et terminés par des robinets à clef; ce système permet de diriger les eaux à volonté, sans infiltration dans les massifs, ni perte de principes médicamenteux.

1820 — Subsides accordés par le Gouvernement, sous le ministère de S. E. le Comte de Balbe, pour les travaux à faire l'année suivante. La sévérité des douanes est mitigée, par ordre du Roi, en faveur des étrangers qui se rendent à Aix. La Commission administrative imprime pour la première fois, la liste des étrangers venus aux Bains.

1821 — L'Etablissement provisoire, construit près de la source d'Alun, menaçait ruine, une portion de cette source est amenée dans le grand Bâtiment et l'on administre dans la Division des princes, les deux sources d'eaux thermales.

1822 — Recherches curieuses du Chevalier de Gimbernat sur l'azote contenu dans les eaux. Introduction dans l'établissement des bains de pluie ou douche écossaise, pour le traitement des différentes affections nerveuses.

1823 — Régularisation du Service gratuit et du Service de bienfaisance.

1824 — Création du Cercle ou *Casino*, et d'un Bureau de renseignemens pour les étrangers. Logemens à prix fixe pour les pauvres. Visite de nos Souverains.

1825 — Adoption d'un costume uniforme pour les employés de l'Etablissement Royal. Organisation d'une caisse d'épargnes et de secours, en leur faveur.

1826 — Nouvelle visite de LL. MM. accompagnées de la Famille d'Orléans. Restauration d'Haute-Combe. Les perfectionnemens dans les méthodes thérapeutiques et dans les appareils permettent d'étendre l'usage des Eaux d'Aix à un grand nombre de maladies, pour lesquelles on ne les employait pas auparavant : la goutte, la gastrite chronique, la syphilis, les affections nerveuses, etc.

1827 — Réparations diverses. Restauration des machines ; perfectionnemens des ajutages et mécaniques.

1828 — Nouveau voyage de nos Souverains en Savoie. Sir W. Haldimand jette les premiers fondemens de sa Maison hospitalière pour les pauvres étrangers malades, sans distinction d'opinions, de pays et de croyances.* Plusieurs places gratuites sont fondées par S. M. Charles-Félix, dans le même Hospice, pour les pauvres de ses Etats.

1829 — On commence la construction de nouveaux Thermes dans l'emplacement appelé la *Cour des Princes*.

* L'hospice Haldimand se compose de 17 lits, où les malades peuvent se renouveler 4 fois pendant la saison des Eaux. La pension y est d'un franc par jour, outre la somme de 5 francs que chaque malade doit payer en y entrant. Le vin se fournit et se paie à part. Cette maison s'ouvre, chaque année, le premier juin et se ferme le 30 septembre.

1830 — La révolution de juillet amène une crise fâcheuse pour Aix. Plus de 600 baigneurs le quittent en 8 jours. Cependant les travaux commencés se continuent. Les édifices et les promenades publiques s'améliorent. La fontaine d'Hygie s'achève. Recherches chimiques et scientifiques sur les Eaux par les Drs Daubény, Griffa, Cantù, etc.

1831 — L'ébranlement politique de l'Europe influe sur le concours des étrangers qui ne dépasse pas deux mille. Les dépenses causées par les nouvelles constructions nécessitent, de la part de la caisse de l'Etablissement, un emprunt qui est immédiatement rempli. S. M. Charles-Albert, peu après son avènement au Trône, permet que son nom soit donné aux nouveaux bains.

1832 — Ouverture des Thermes-Albertins. *Grande Piscine; Vaporarium*. Introduction des baignoires en zinc. Le service des douches *écossaises* et *mitigées* est rendu plus facile et plus sûr, par l'augmentation des courants d'eau destinés à les alimenter.

1833 — Renouvellement de la Commission administrative des Bains. Brevets définitifs donnés aux employés de l'Etablissement. La Reine Hortense réunit à la Maison hospitalière d'Aix sa fondation de dix lits gratuits pour les pauvres. Organisation définitive du Conseil d'Administration de cet Hospice.

1834 — S. M. le Roi CHARLES-ALBERT visite nos bains, le 10 juin. S. E. le Comte de Lescarène, Ministre de l'intérieur, y vient le 3 juillet. Une demande est faite au Roi par mon père, dans l'intérêt de l'Etablissement. Aussitôt des ordres sont donnés pour la prendre en considération.

1835 — Le choléra sévissant à Marseille et en Piémont, amène à Aix, un grand nombre d'habitans de ces contrées.

1836 — M. l'abbé Paramelle fait une excursion au rocher de S.-Victor, dans le but de reconnaître la direction des sources. Ses idées coïncident avec celles déjà émises par Bleton.

1837 — Déblaiement de la grotte des serpens. Aggrandissement du musée pathologique. Addition d'un porte-feuille pour les cas rares de maladies qu'on ne peut mouler.

1838 — A la suite d'un accident arrivé dans les travaux du jardin Chevallay, les pluies du commencement de juin refroidissent subitement les Eaux de Soufre. On y remédie aussitôt. Avènement de M. le Chev. Gonzalès à la tête de l'Administration. Projet pour compléter l'Etablissement thermal.

1839 — Construction d'une nouvelle douche dans la division d'Enfer. Travaux préparatoires pour une nouvelle piscine uniquement destinée aux dames. La maison d'Administration des bains est achevée.

1840 — M. L'Intendant-Général apporte de nombreuses modifications aux différens services établis près de nos thermes, en faveur des indigens. Ouverture de la nouvelle piscine. Séjour de S. M. le Roi de Vurtemberg à Aix, pour y faire usage des Eaux. Nouveau règlement pour les bains et les baigneurs.

Je ne puis mieux terminer ce sommaire qu'en présentant quelques chiffres relatifs à la comptabilité de l'Etablissement thermal, depuis 1816 jusqu'en 1840.

J'y ai joint l'état des recettes et des dépenses, extrait des livres du Caissier. Les recettes sont le produit des billets de bains de toute espèce. Les dépenses de l'Administration comprennent le traitement du Médecin-Directeur, et le salaire des employés. Celles d'entretien et les réparations annuelles qu'exigent la conservation des bâtimens et le renouvellement des appareils s'élèvent à 3000 liv. neuv. : en sorte que pour la série des 25 dernières années, elles forment un total de 100,000 liv. environ, lequel, déduit des 481,261, formant le produit de l'Etablissement pendant ce même temps, les frais d'Administration payés, donne pour

	Liv. Neuv.
les dépenses d'améliorations faites à l'Etablissement primitif :	244,963
Si on ajoute à cette somme la construction des Thermes-Albertins	71,217
Le don du Roi Victor-Emmanuel,	10,000
La construction faite par Amédé III,	360,000
On obtient le chiffre	686,180

qui représente les sacrifices faits par l'Etat pour les Bains actuels. Il en est dédommagé par un plus grand concours d'étrangers qui produit annuellement une importation de quatre à cinq cent mille livres neuves ou francs.

§ 3me

DESCRIPTION DE L'ÉTABLISSEMENT.

Les eaux thermales sont administrées à Aix, dans deux établissemens distincts, l'un appelé ETABLISSEMET ROYAL OU GRAND BATIMENT, dans lequel arrivent les deux sources, l'autre appelé THERMES BERTHOLLET, qui n'est alimenté que par les eaux d'Alun. Nous allons les examiner successivement, en engageant le lecteur à s'aider du plan qui se trouve à la fin de cet ouvrage.

ÉTABLISSEMENT ROYAL.

Cet édifice est construit avec élégance et distribué d'une manière avantageuse. Il est adossé à la colline dans l'endroit même où jaillit l'eau de Soufre. La façade est ornée de quatre colonnes d'ordre ïonique, avec un fronton, au bas duquel on lit l'inscription suivante :

VICTOR AMEDEUS III REX
PIUS FELIX AUGUSTUS P. P.
HASCE THERMALES AQUAS
A ROMANIS OLIM E MONTIBUS DERIVATAS
AMPLIATIS OPERIBUS
IN NOVAM MELIOREMQUE FORMAM REDICI JUSSIT
APTIS AD ÆGRORUM USUM ÆDIFICIIS
PUBLICA SALUTIS GRATIA EXTRUCTIS.
AN. MDCCLXXXIII.

Indépendamment des vastes réservoirs, cours, terrasses, corridors, portiques, salles d'attente, etc., trente-six pièces, dont les dimensions varient avec l'espèce de bain auquel elles sont destinées, composent la totalité de l'édifice qui forme quatre divisions.

Division centrale. — La première, ou Division Centrale, se présente en entrant par la porte principale. Elle offre un pérystile vaste et commode, aux extrémités duquel se trouvent, d'un côté, le salon d'attente proprement dit, et de l'autre, le cabinet du Médecin-Directeur, renfermant le musée pathologique, dont il sera fait mention plus tard. En avant on voit la loge de l'Econome et celle du Contrôleur des Bains. Au milieu, est une cour en forme de croissant, autour de laquelle se trouvent provisoirement établis les six cabinets de bains domestiques. Chacun d'eux contient une baignoire en zinc, semblable, pour la forme, à celles dont on fait généralement usage à Paris. Chaque baignoire est alimentée par un filet d'eau de Soufre, par un autre d'Alun, enfin par un troisième d'eau commune froide. De chaque côté de cette division, deux salles placées symétriquement, servent aux *pas perdus* et à la boisson des eaux; elles sont ornées de fontaines des deux sources, et correspondent, en quelque sorte, au *Pumproom* des Anglais.

SOURCE DE SOUFRE ET D'ALUN.

La cour est environnée par un corridor demi-circulaire, dans lequel se trouve une douche, appelée *petite locale*. Le mur d'enceinte est percé de différentes ouvertures : l'une d'elles mène à la source de l'eau de Soufre ; les autres donnent entrée à quatre cabinets de douches, dont deux sont destinés aux femmes et deux aux hommes. Ces derniers renferment chacun une *guérite*, espèce de boîte fumigatoire de six pieds de hauteur, sur deux pieds carrés à la base. La face antérieure de cette boîte est fermée par un rideau de toile, qui porte à sa partie moyenne une ouverture longitudinale, destinée à passer la tête à volonté. Le malade peut y être assis et recevoir une douche locale sur les extrémités inférieures, en même temps que le reste du corps est plongé dans la vapeur.

On trouve encore, dans la même Division, deux autres pièces qui servent de bain d'immersion ou d'étuve, au sortir desquelles on peut passer à la douche, et *vice-versâ;* elles ont reçu le nom de *Bouillons*, parce que l'eau, arrivant avec violence par le fond du bassin, paraît bouillonner à sa surface. Chacune de ces pièces est composée d'un réservoir de deux pieds et demi de profondeur, dans lequel on descend par une rampe de trois marches. A un demi-pied de la surface de l'eau, a été posée une grille en bois, bien assujétie, entourée de banquettes, pour les malades qui prennent le bain de vapeur. Au fond du cabinet et vis-à-vis la porte d'entrée, à deux pieds au-dessus de la grille, est un robinet qui fournit un filet d'eau de Soufre, que l'on dirige quelquefois sur le siége du mal, dans les affections locales.

Division des Princes. — Pour passer de la première Division dans la deuxième, dite des PRINCES, il faut traverser une grande salle d'attente qui sert aussi d'entrepôt pour les chaises à porteurs ; on y trouve une fontaine d'eau froide. Deux inscriptions rappellent le souvenir des visites faites dans cet Etablissement, en 1816, par le Roi Victor-Emmanuel et le Duc d'Angoulème, et en 1824, par S. M. Charles-Félix et S. A. R. la Duchesse de Chablais.

Cette Division, dans laquelle on arrive par un corridor bien éclairé, se compose de trois cabinets de douches, qui sont les plus commodes et les mieux aérés de l'édifice.

Les cabinets N° 1 et N° 3 sont spacieux et à peu près de mêmes dimensions ; ils renferment plusieurs appareils thérapeutiques remarquables qui ne se trouvent pas ailleurs. On compte dans l'un et l'autre trois robinets d'eau d'Alun, deux de celle de Soufre, et deux autres d'eau froide, destinée aux douches *écossaises* et aux douches *mitigées*. Cet arrangement permet d'y administrer toute espèce de douches. Sur l'une des faces du mur, est une poignée en bois, placée en forme de curseur, qui sert à retenir le malade, dans le cas où, ne pouvant s'appuyer sur le talon, il a besoin d'être soutenu, pour recevoir la douche sur le tendon d'Achille et sur les régions environnantes.

Le cabinet N° 2 est situé entre ceux qui précèdent : quoique moins grand, il jouit de la plupart de leurs avantages et contient, de plus, un jet fixe ascendant pour les douches qui doivent être dirigées vers le cou, le menton, le nez ou les oreilles.

DOUCHE ÉCOSSAISE.

Division d'Enfer. — La troisième Division a été nommée Division d'Enfer, à cause de sa situation souterraine et de sa haute température.

On y descend par une rampe de seize marches. Son vestibule donne entrée à quatre cabinets. Les deux premiers sont destinés aux douches avec étuve. Un rideau placé à l'intérieur, sert à écarter les courans d'air et rend la localité plus décente. Deux jets très-forts viennent se briser avec violence contre le sol et répandent des tourbillons de vapeurs. Une banquette en bois règne tout autour, pour la commodité de ceux qui prennent l'étuve.

Le médecin du prince Potemkin, voulant imiter les bains gradués de vapeur usités en Russie, fit établir, il y a peu d'années, dans ces cabinets, des gradins placés sur un échafaudage en bois; c'est ce qui leur a fait donner quelquefois le nom d'*Etuves russes*. L'utilité de cet appareil n'ayant pas été bien constatée, on l'a remplacé par des siéges dont l'élévation varie et qui ont l'avantage de permettre pendant l'étuve, l'immersion des pieds dans l'eau thermale.

Le N° 3, appelé *Douche verticale*, est plus aéré et moins chaud que les deux précédens. Il a reçu cette dénomination, parce que le malade y est soumis à l'action d'une colonne d'eau qui tombe verticalement et qui a douze pieds de chute. On se propose d'établir dans le même local, un appareil pour les bains de pluie et d'y faire arriver une colonne d'eau d'Alun, qui aura trente-six pieds d'élévation.

Il existe encore dans cette partie de l'édifice une douche locale, N° 4, située sous l'escalier déjà décrit, et une porte qui, communiquant au dehors facilite le service, dans les momens de grande affluence.

DOUCHE LOCALE.

Nouvelle Douche écossaise. — On a profité tout récemment d'une cour perduc, au N.-E. du Bâtiment, pour y établir une douche écossaise, à l'instar de celles de la Division des Princes. Ce local est aussi tout-à-fait propice à l'administration des bains de vapeur à l'*orientale*, avec massage (shampoing), transitions ménagées de chaleur, onctions, etc., qu'on peut y administrer au besoin.

DOUCHE NEUVE.

Thermes-Albertins.—La quatrième Division est appelée THERMES-ALBERTINS, parce que S. M. Charles-Albert a bien voulu lui donner son nom. Elle est contiguë à la Division des Princes et communique à l'extérieur par une porte qui lui est propre. Cette section pourrait presque être considérée comme indépendante des trois autres.

Un long corridor la traverse toute entière et conduit à cinq cabinets de douche qui en occupent la partie la plus reculée. Le centre est consacré au *Vaporarium*, et à la droite de celui-ci se trouve une *Naumachie*, où piscine destinée à l'exercice de la natation et aux bains tempérés *à grande eau*. On y trouve encore des vestiaires, une douche ascendante, des bains de boue et tous les accessoires nécessaires.

Les cinq cabinets de douche dont nous venons de parler, sont un peu plus petits que ceux de l'ancien édifice, mais ils sont plus propres, mieux éclairés et à peu près semblables entre eux. Alimentés par des robinets d'eau froide et d'eau chaude, comme ceux de la division des Princes, ils sont principalement destinés aux douches mitigées que l'on peut, au besoin, terminer par un bain.

VAPORARIUM.

Le *Vaporarium*, construit sur le modèle des bains d'Ischia, est une salle circulaire de quinze à seize pieds de diamètre, couronnée par un dôme vitré. Tout autour sont rangées des loges ou petits cabinets formant des étuves isolées, où le malade assis sur un grillage et les pieds dans l'eau chaude, sans cesse renouvelée, reçoit les vapeurs qui se répandent dans l'atmosphère ambiante. Deux de ces cabinets réunissent en outre l'avantage de pouvoir servir à volonté aux douches locales et aux étuves, et permettent d'administrer au malade des bains d'irrigation, après qu'il a subi l'action de la vapeur, et *vice-versâ*. On peut voir, d'après ce qui précède, qu'on a mis à profit, pour la construction de cette pièce, ce principe que Vitruve appliquait au *Laconicum* des Romains : « Il faut, dit-il, » que les appartemens où l'on administre la » vapeur, soient de forme ronde, afin qu'après » avoir tourné sur tous les points de la circon» férence, elle reflue au centre et l'échauffe éga» lement. »

Cette élégante rotonde est aérée par des espèces de *Vas-is-tas*. Elle a pour objet de procurer aux malades, sans déranger le service des douches, un emplacement spécial, où ils puissent respirer une vapeur douce, même des heures entières, sans être incommodés. C'est à cet effet que le Vaporarium a été placé au centre des nouveaux Thermes et à portée de toutes leurs dépendances. Il est alimenté par le trop-plein des sources de Soufre et d'Alun. De nouvelles dispositions, introduites dans le Vaporarium, permettent aussi d'y prendre des bains de vapeur par encaissement.

PISCINE DES HOMMES.

La *Piscine* des hommes dont le plan est un parallélogramme, est une grande pièce éclairée par le haut. A chaque extrémité se trouvent des vestiaires. Deux rampes dont chacune a cinq marches, servent à y descendre, et tout autour règne une banquette de pierre, sur laquelle les malades passent, dans quelques circonstances, une grande partie de la journée, comme aux bains de Louëch, de Pfeffers, de Baden, etc. Son usage spécial est néanmoins de servir à l'exercice de la natation, à l'instar de la pièce que les Romains appelaient, dans leurs Thermes, *Natatio*, *piscina*.

Piscine des dames. — Cette vaste pièce d'eau, destinée, comme la précédente, aux exercices *hydro-gymnastiques*, a été construite en 1839; elle est de forme ovale, entourée de gradins et revêtue en partie de faïence dont le reflet donne à l'eau une admirable limpidité. Une corde est suspendue au milieu afin que les malades puissent y exercer des mouvemens de balancement et d'ascension. L'eau arrive, par le fond, dans la partie centrale; ce qui fait que la température y est très-uniforme. Sa profondeur a quelques lignes de plus que la piscine des hommes, et son étendue en surface, quelques pieds de moins. Le plan en est dû à M. l'architecte Besson de Chambéri.

Toute cette division est couverte par une terrasse en dalles, environnée de balustrades. Dans la partie orientale de cette plate-forme, est situé un vaste corps de logis, où se trouvent une salle pour les réunions administratives et l'appartement de M. l'Intendant-Général.

Le Sécheur et la Sécheuse se chargent d'apprendre à nager aux personnes des deux sexes et spécialement aux enfans, moyennant une légère gratification.

Ces Thermes forment la cinquième Division de l'Etablissement ; division qui a été ainsi appelée du nom du savant illustre dont la Savoie a été le berceau, et que la mort enleva aux sciences, l'année où ces bains reçurent de grandes améliorations. Ils sont alimentés exclusivement par la source d'*Alun* et se composent de trois parties distinctes, savoir :

1° D'un vaste cabinet voûté, construit en 1678, destiné aux douches locales et aux étuves gratuites.

2° D'un appartement divisé en plusieurs loges ou cabinets secondaires, situés au-dessus de la pièce précédente et spécialement destinés aux douches locales de vapeur. On y trouve aussi les appareils propres à leur application en douches générales, dans une foule de circonstances où leur chaleur de 30 à 32° R. les rend extrêmement utiles. Plusieurs de ces appareils sont en fer-blanc, ou en treillis de bois, sur lesquels on ajuste des draps et des couvertures de laine, au moyen desquels on peut administrer des bains de vapeur par encaissement ; ainsi qu'on peut le voir dans la planche ci-jointe.

APPAREIL POUR LES BAINS DE VAPEUR.

3° D'un grand bassin nommé *Bain royal*, qui était autrefois une naumachie, où la jeunesse d'Aix se baignait publiquement et s'exerçait à la natation. Aujourd'hui ce bassin est divisé en plusieurs compartimens, dont un sert à doucher et à baigner les chevaux, tandis que les autres sont employés aux bains des pauvres et à ceux de l'hôpital. Mais cette belle pièce d'eau, ainsi que toute la Division des Thermes Berthollet, ne tardera pas à subir divers changemens dans sa distribution. On se propose de recouvrir tout l'espace qu'occupe le Bain royal par une terrasse sous laquelle seront établies une vaste piscine et de nouvelles pièces de bains destinés aux militaires et aux indigens.

D'après le nouveau règlement daté de 1840 l'Etablissement est partagé comme il suit, quant au tarif des Eaux :

1° Division des Princes, qui comprend les

trois douches des Princes et les trois cabinets du centre destinés aux femmes.

2° Division des Thermes Albertins, qui comprend les deux piscines et le *vaporarium*.

3° Division du centre et d'enfer, qui comprend les trois cabinets du centre, destinés aux hommes et tout le quartier d'enfer y compris la douche écossaise.

4° Thermes Berthollet.

5° Bains royaux.

Les trois premières divisions ont chacune un Huissier et les deux autres un Huissier-Concierge.

§. 4me

ADMINISTRATION ÉCONOMIQUE DES BAINS.

Tout ce qui concerne l'Administration économique de l'Etablissement royal des Bains d'Aix-en-Savoie, peut se rapporter à 3 chefs principaux :

1° L'Administration proprement dite ;

2° Les employés et leurs attributions ;

3° La police du service des Eaux qui comprend le Service d'exemption, le Service pour les indigens nationaux et celui des pauvres étrangers.

Administration. — Le chef de l'Administration est l'Intendant-Général du Duché de Savoie, sous la Secrétairerie royale d'Etat pour les Affaires de l'Intérieur. Il en fut spécialement chargé par le Règlement de 1787, et jusqu'à l'invasion française, cet Administrateur et le Médecin-Directeur des Eaux réglaient tout ce qui tenait au service de cet Etablissement; le premier, sous le rapport financier et sous celui du choix et de la nomination des Employés; le second, sous le rapport de la haute police intérieure de l'Etablissement et pour tout ce qui concerne le service de santé.

Sous le Gouvernement français, l'Administration économique des Bains fut d'abord confiée à la Commune d'Aix: mais, sous le Consulat et l'Empire, elle fit partie des attributions du Préfet du Département du Mont-Blanc. Les Eaux d'Aix furent placées au nombre des Eaux minérales de 1re classe, et soumises au système de fermage adopté pour tous les établissemens du même genre.

Après la Restauration, le règlement de 1787, fut remis en vigueur, et le Gouvernement abandonna les revenus des Bains à l'Etablissement, pour le compléter. L'Intendant-Général du Duché, ne pouvant s'en occuper sur les lieux, ni entrer dans les détails minutieux qu'exigeait le service d'un édifice thermal aussi considérable et où tout était pour ainsi dire à créer, délégua une partie de ses pouvoirs à une Commission, ou Conseil d'Administration nommé par lui, et le chargea de pourvoir, avec le Médecin des Eaux, à toutes les améliorations qui seraient jugées nécessaires.

La 1re *Commission administrative* fut nommée le 14 février 1817. Ses attributions s'étendent sur tout le service économique. Elle surveille, récompense et punit les Employés, présente la liste de ceux qu'elle juge les plus aptes aux places vacantes, fait observer les règlemens, reçoit les plaintes des étrangers et y fait droit. Elle vérifie les comptes de recettes et de dépenses, les titres d'admission au service de bienfaisance et au service gratuit des Eaux, et s'occupe en général de tout ce qui peut augmenter les ressources de l'Etablissement, en les mettant en harmonie avec l'intérêt des malades et les besoins de la localité. Toutes ses opérations sont soumises à l'Intendant-Général du Duché qui vient quelquefois présider lui-même à ses séances.

Les membres de cette Commission administrative sont au nombre de sept. Trois en font partie de droit : le Curé, comme régulateur des bonnes mœurs ; le Syndic, comme chargé, par sa position, des intérêts de tous ses administrés ; le Médecin-Directeur de l'Etablissement, comme étant plus spécialement chargé de la conservation des Eaux, et de tout ce qui s'y rattache. Les quatre autres membres sont choisis dans le nombre des habitans les plus recommandables d'Aix, par M. l'Intendant-Général qui nomme aussi le Président de la Commission.

Le *Médecin des Eaux* est de nomination royale et porte le titre de *Médecin-Directeur de l'Etablissement royal des Bains ;* ses fonctions sont les mêmes que celles des *Médecins-Inspecteurs des Eaux* en France. Il est spécialement chargé de tout ce qui regarde l'application sanitaire des Eaux, les améliorations dont elles sont susceptibles, la conservation des sources et l'étude de leurs principes. Il fait l'examen des aspirans aux places de doucheurs, doucheuses et porteurs ; il leur donne les instructions nécessaires pour remplir leurs charges et fonctions d'une manière satisfaisante, et assigne à chacun, selon sa capacité, le service qu'il peut remplir. Il vérifie les titres et les droits des malades au service des indigens. Il reçoit les plaintes des étrangers sur le service journalier. A la fin de chaque saison, il présente au Gouvernement un rapport médico-économique sur l'Etablissement thermal, et lui soumet ses vues d'amélioration et de perfectionnement (*).

L'Administration des Bains a un *Secrétaire-Caissier*, chargé de toute la comptabilité, et chez lequel se fait la distribution des billets de bains. Il rend ses comptes à la Commission administrative qui les discute et les soumet ensuite à l'approbation de l'Intendant-Général.

Employés. — Le personnel des employés se compose d'un *Econome*, d'un *Contrôleur*, de trois *Huissiers*, d'un *Concierge* et d'un certain nombre de *Doucheurs* et *Doucheuses*, *Porteurs*, *Sécheurs* et *Sécheuses*, enfin des *Coureurs* ou *Postillons*, dont le nombre est proportionné aux besoins du service.

1° ECONOME. Il reçoit sa nomination de l'Intendant-Général, ainsi que tous les autres Employés subalternes.

L'Econome est spécialement chargé de veiller à la conservation des bâtimens et de tout le

* Nulle part les soins médicaux ne sont plus multipliés qu'à Aix. Outre un grand nombre de médecins qui y résident habituellement, la ville possède encore plusieurs bonnes pharmacies. Celle de M. Bocquin, l'une des mieux assorties, est la seule qui fabrique toute espèce d'eaux minérales gazeuses étrangères.

matériel. Il est de droit, le premier agent de la police des Bains ; tous les autres Employés lui sont subordonnés et doivent obéir immédiatement à ses ordres, pour ce qui regarde leur service. C'est lui qui, de concert avec le Médecin-Directeur, règle l'ordre journalier, soit pour l'ouverture et la clôture des bains, soit pour la succession des malades à la douche. Il fait le récolement des billets de bains, les restitue au Caissier, et donne à chaque classe d'employés des bons collectifs, pour leur servir de pièces comptables. Il fixe les heures pour les bains et les douches insolites. Il tient la caisse des étrennes données par les étrangers aux Doucheurs, Doucheuses et Porteurs, et la Caisse des amendes qui sont inffligées. Enfin, dans son bureau est un registre constamment ouvert, où chacun peut consigner les observations que lui suggèrent les circonstances.

2° CONTROLEUR. Les attributions du Contrôleur sont de retirer les billets de bains, et de délivrer en échange des *contre-marques*, qui seules sont valables pour la comptabilité relative aux Doucheurs, Doucheuses et Porteurs, à l'effet de prévenir tout abus. Il remplace en outre l'Econome, en cas d'absence, pour la Police intérieure du grand bâtiment.

3° Huissiers. Ils sont au nombre de deux dans le grand édifice des Bains. Un troisième huissier est attaché à la division des Thermes-Berthollet.

L'Econome leur assigne la surveillance journalière qu'ils doivent exercer, afin que le service ait lieu sans confusion, ni désordre. A cet effet, ils se rendent à leur poste une demi-heure avant l'ouverture des Bains, et ont soin qu'il n'y ait aucune interruption dans la succession des malades, et que chacun passe à son tour. Ils sont tenus sous leur responsabilité, de prévenir le Médecin des Eaux et l'Administrateur de service, de tous les manquemens que commettent les employés de leur Division, des abus qu'ils peuvent découvrir, et doivent présenter à la fin de chaque jour, un rapport sommaire de ce qui s'est passé dans l'Etablissement.

4° Concierge. Il appartient à la Maison du Roi dont il porte la petite livrée. Il tient les clefs de l'Etablissement et se trouve responsable de tous les objets qu'il renferme.

5° Doucheurs et Doucheuses. Ces Employés, chargés d'administrer la douche aux malades de chaque sexe, sont répartis dans les cabinets de douches et de bains, selon le besoin et en raison de leur force et de leur capacité. Dans quelques-uns, ils sont au nombre de deux; dans d'autres un seul suffit; cependant l'étranger qui en désire un plus grand nombre peut s'entendre, à cet effet, avec l'Econome. Ce cas rentre dans la classe des bains ou douches *insolites* dont il sera parlé plus bas.

En cas d'urgence, tout doucheur ou doucheuse disponible doit prêter son ministère et donner ses soins au malade qui le réclame. Dans aucun cas, il ne peut en solliciter de bonne-main ou étrenne, sous peine de destitution.

6° Porteurs. Ils transportent les malades aux bains et les reportent à leur domicile. Ils sont aux ordres des Huissiers, de l'Econome, du Médecin-Directeur des Eaux, et doivent leur obéir incontinent et sans observation. Ils sont d'ailleurs astreints, pour leur service, aux mêmes règles que les Doucheurs et les Doucheuses pour le leur.

7° Secheurs et Secheuses de l'Etablissement. Ils font le service de valet de chambre ou de domestique, près de la Piscine, du Vaporarium et des bains tempérés. Leur salaire est comme celui des Doucheurs et des Porteurs, en raison de leur travail.

8° **Sécheurs** et **Sécheuses des hotels.** Ce sont des domestiques de confiance spécialement chargés, dans les hôtels, d'accompagner les malades aux bains, et des soins domestiques qui les concernent dans l'usage des eaux. Chaque année, les Logeurs présentent à l'Econome le nom des personnes qu'ils destinent à cette fonction. Si la Commission administrative les agrée, leurs noms sont inscrits sur un tableau affiché dans un des points les plus apparens du grand portique. Ils sont soumis au même régime règlementaire que les Employés de l'Etablissement, et sont personnellement responsables des billets de bains de la personne qu'ils accompagnent. Ils ont un livret sur lequel l'étranger est prié d'écrire son nom d'une manière très-lisible, afin d'éviter toute confusion de noms et de personnes.

9° Les **Coureurs** ou **Postillons** sont chargés de transmettre promptement les ordres de l'Econome et des Huissiers, soit dans l'Etablissement, soit au-dehors, afin d'éviter tout retard qui préjudicierait au service des douches.

Police des Bains. — Le règlement où sont contenues les principales dispositions de la police intérieure des Bains, est affiché en forme de tableau à l'entrée du grand édifice. On y trouve encore indiquées les heures de l'ouverture et de la clôture de ce bâtiment, qui varient avec le nombre de bains à administrer et la longueur du jour. Dans la plus grande affluence des étrangers, le service commence à 2 heures du matin, et souvent ne se termine qu'à 9 ou 10 heures du soir; mais à toute autre époque, il commence à l'aube du jour, et les bâtimens sont fermés avant la nuit.

Le service régulier qui comprend les bains et douches administrés de la manière ordinaire, commence avant le jour et se poursuit sans relâche jusqu'à ce qu'il soit terminé.

Le service insolite comprend : les douches dites *insolites* et même les douches ordinaires administrées pendant le jour, lorsque le service régulier est fini.

On entend par douche insolite :

1° Toute douche locale administrée dans les cabinets destinés aux douches générales, ou dans des cabinets destinés à un sexe différent.

2° Toute douche sans Doucheur, Doucheuse ou Porteurs.

3° Toute douche, étuve ou bain dont la durée excède 20 minutes.

4° Toute douche, étuve ou bain qui exige des appareils ou préparatifs longs et embarrassans.

5° Toute douche, étuve ou bain qui demande plus d'employés que le nombre ordinaire.

6° Toute douche, étuve ou bain qui occuperait, pour un seul malade, plusieurs cabinets en même temps.

Les malades doivent s'entendre, dans chacun de ces cas, avec l'Econome, pour concilier leurs convenances avec ce qu'exige le service public et général des Bains.

Les instrumens et ustensiles qui pourraient être nécessaires pour ces douches insolites et pour des cas particuliers au malade, doivent être fournis par le malade lui-même, qui pourra les emporter ensuite, s'il le désire.

Tant que le Bâtiment reste ouvert, bien que le service régulier soit fini, il s'y trouve constamment à la disposition des malades des Doucheurs, Doucheuses et Porteurs, ainsi qu'un Huissier de garde.

Comptabilité. — La comptabilité des Bains est fort simple. Elle repose toute entière sur des cartes appelées *Billets de bain*, dont le prix varie avec l'espèce de bains qu'elles signalent, et le nombre d'employés qu'ils exigent. Ces cartes sont prises chez le Caissier et payées comptant par le baigneur. Si celui-ci ne les emploie pas toutes, pendant son séjour à Aix, le Caissier rembourse à présentation, celles qui lui sont rendues.

Exemption des droits de l'Etablissement. — L'exemption des droits revenant à l'Etablissement n'est accordée qu'aux habitans d'Aix, aux individus des ordres religieux, aux carabiniers royaux, aux sergens, caporaux et soldats, aux ouvriers des mines, aux préposés des gabelles royales, aux gardes-forêts, aux cantonniers des routes royales et provinciales des Etats.

Service des pauvres étrangers. — Les pauvres étrangers sont admis à moitié prix pourvu qu'ils remplissent les formalités suivantes :

1° Présenter un *certificat de bonnes vie et mœurs*, délivré par l'Autorité locale du lieu de leur résidence. Ce certificat *constatera* leur état notoire d'indigence et *sera visé* par le Consul Sarde dont ressortira le domicile du malade.

2° Les Communes, les Etablissemens de bienfaisance ou les Associations de charité qui dirigeraient des malades à Aix, tant pour l'hôpital que pour être placés en ville, auront soin de leur donner des titres ou certificats portant l'*exact signalement* du malade, afin de pouvoir, au besoin, en constater l'identité.

3° En arrivant à Aix, le malade devra consigner entre les mains du Caissier des Bains la somme de *trente francs*, destinée à pourvoir à ses frais de séjour.

Service gratuit. — Tous les malades indigens du royaume ont droit à l'usage gratuit des Eaux sous les conditions suivantes :

1° Le malade présentera un certificat de bonnes vie et mœurs, délivré par le Syndic de son domicile, constatant son indigence. Ce certificat (qui ne saurait être un titre pour mendier, puisque la mendicité est interdite dans cette ville pendant la saison des eaux) doit être visé par l'Intendant de la province à qui la commune de l'indigent appartient, et être approuvé par l'Intendant-général de la Savoie.

2° En arrivant à Aix, il doit consigner entre les mains du Caissier des bains, la somme de trente francs, reconnue indispensable pour payer les dépenses du logement, de la nourriture et des soins domestiques de chaque malade, pour une cure de vingt jours.

TARIF

DES DOUCHES, VAPEURS ET BAINS.

DIVISION DES PRINCES
et nouvelle Douche écossaise près la division d'Enfer.

	Fr.	Cent.
Douche avec doucheurs et porteurs	2	»
Douche avec doucheurs sans port	1	60
Douche avec porteurs sans doucheurs . . .	1	60
Douche sans doucheurs ni porteurs	1	15
DIVISION DES THERMES ALBERTINS.		
Douche avec doucheurs et porteurs	1	80
Douche avec doucheurs, sans port	1	40
Douche avec port sans doucheurs	1	40
Douche sans doucheurs ni port.	»	95
DIVISION CENTRALE ET D'ENFER, *excepté la douche neuve.*		
Douche avec doucheurs et porteurs	1	50
Douche avec doucheurs sans port	1	10
Douche avec port sans doucheurs	1	10
Douche sans doucheurs ni port.	»	65
VAPEUR.		
Va sans port	1	»
Vapeur et port.	1	45
BAINS DE PISCINE.		
Bain sans linge.	1	»
Bain et linge.	1	25
Bain et port sans linge.	1	45
Bain avec port et linge.	1	70
BAINS TEMPERES.		
Bain sans linge.	1	»
Bain et linge.	1	25

Bain et port sans linge.	1	45
Bain avec port et linge.	1	70
Douche ascendante	»	40

THERMES BERTHOLLET.

Vapeur sans port	1	»
Vapeur avec port	1	45
Bain et douche pour un cheval .	»	25

SERVICE D'EXEMPTION.

Douche avec doucheurs et porteurs	»	85
Douche avec doucheurs sans port	»	45
Douche avec port sans doucheurs	»	45
Bain ou Piscine avec linge	»	25

SERVICE DES PAUVRES ÉTRANGERS.

DIVISION DES PRINCES.

Douche avec doucheurs et porteurs	1	»
Douche avec doucheurs sans port	»	80
Douche avec port sans doucheurs	»	80
Douche sans doucheurs ni port	»	60

DIVISION DES THERMES ALBERTINS.

Douche avec doucheurs et porteurs	»	90
Douche avec doucheurs sans port	»	70
Douche avec porteur sans doucheurs. . . .	»	70
Douche sans doucheurs ni port.	»	50

DIVISION CENTRALE ET D'ENFER.

Douche avec doucheurs et porteurs	»	75
Douche avec doucheurs sans port	»	55
Douche avec port sans doucheurs	»	55
Douche sans doucheurs ni port.	»	35

VAPEUR.

Vapeur et port.	»	50
Vapeur sans port	»	75

BAINS DE PISCINE.

Bain sans linge	»	50
Bain et linge	»	65
Bain et port sans linge	»	75
Bain avec port et linge	»	85

BAINS TEMPERES.

Bain sans linge	»	50
Bain et linge	»	65
Bain et port sans linge	»	75
Bain avec port et linge	»	85
Douche ascendante	»	20

THERMES BERTHOLLET.

Vapeur sans port	»	50
Vapeur avec port	»	75

GRAND BASSIN.

Piscine	»	65
Bain et douche pour cheval	»	25

Toute personne qui désire faire usage des bains, des vapeurs ou des douches dans l'intérieur de l'Etablissement, doit s'adresser au Caissier et retirer de lui un ou plusieurs billets en les payant comptant, suivant le tarif annexé.

Les baigneurs munis de leur billet, qui indique l'espèce de douche, bain ou vapeur dont ils veulent faire usage, font inscrire par l'Huissier, à la suite l'un de l'autre et sans lacune, leurs noms dans *la feuille de la division*. Ils échangent au bureau du Contrôleur leurs billets en contre-marques qu'ils doivent présenter aux doucheurs ou aux doucheuses du cabinet.

Les domestiques peuvent faire inscrire les noms de leurs maîtres, ainsi que les sécheurs ou sécheuses des pensions.

On ne peut se faire inscrire que le jour même où l'on prend la douche, le bain ou la vapeur.

Les baigneurs se succèdent dans les cabinets de douches et bains, dans l'ordre de leur inscription. Les Huissiers font entrer dans le cabinet de douche ou de bain les premiers inscrits. Ils les appellent de suite et successivement les uns après les autres.

A fur et mesure que les baigneurs entrent dans les cabinets, l'huissier tire un trait sur leurs noms, de manière à laisser la possibilité de les lire. Si le baigneur inscrit, et appelé deux fois (savoir : lors de l'entrée du baigneur qui le précède et au moment de l'évacuation du cabinet), ne se présente pas, l'Huissier doit écrire vis-à-vis de son nom, sans le rayer, le mot *absent*, et appeler de suite le baigneur inscrit après lui.

Le baigneur, en entrant dans le cabinet ou dans la piscine, doit remettre au sécheur, sécheuse, doucheur ou doucheuse, sa contre-marque, qui est placée immédiatement dans la boîte fixée au mur pour cet objet.

Un billet ou une contre-marque de la Division des Princes ou de la nouvelle douche écossaise, de la Division d'Enfer, peut servir pour les Thermes Albertins et la Division du Centre et d'Enfer; et les billets ou les contre-marques de la Division des Thermes Albertins peuvent servir pour la Division du Centre et d'Enfer, la nouvelle douche écossaise exceptée.

CHAPITRE IV.

De l'usage des Eaux Thermales.

BAIN D'IRRIGATION CONTINUE

§. 1er

MANIÈRE D'ADMINISTRER LES EAUX.

Les divers modes d'administrer les Eaux peuvent se réduire aux suivans : la *Boisson*, la *Douche*, le *Bain* et l'*Etuve*. Nous allons successivement parler de ces quatre manières d'en faire l'application au corps humain, telles qu'elles se pratiquent à Aix.

Boisson.— Ce sont les Eaux de la source S.-Paul qu'on emploie principalement en boisson. Cette préférence leur est accordée sur celle de

Soufre, parce qu'elles sont généralement plus chaudes, moins pesantes à l'estomac et moins désagréables à boire. On les prend depuis un verre de huit à dix onces, jusqu'à six, huit, dix, et même douze dans la journée. Ce traitement dure quinze à vingt jours; il est rarement administré seul, c'est-à-dire, sans douche ni bain. Dans tous les cas, il convient de les prendre le matin à jeûn et près de la fontaine, afin d'éviter la déperdition des gaz et du calorique. Lorsqu'on les laisse refroidir, leur goût devient fade et nauséabond.

Pour faciliter le passage des Eaux, il est utile de se promener au grand air. Cette précaution, trop négligée sur le continent, forme un objet important de la thérapeutique anglaise. J'en ai vu les plus heureux effets aux bains de Bath, de Cheltnam et de Brigton. On peut encore y joindre l'exercice à cheval, qui est généralement avantageux par la secousse légère qu'il imprime à tous les organes sécréteurs.

L'intervalle qu'il faut laisser entre chaque verre d'eau varie avec la force digestive de l'appareil alimentaire. Dix minutes suffisent généralement; mais on doit toujouts attendre que la digestion du premier verre soit faite, avant d'en prendre un second, et ainsi de ceux qui suivent.

L'âge et l'idiosyncratie du malade influent tellement sur nos Eaux, qu'il n'est pas rare de leur voir produire la constipation. Autrefois on remédiait à cet inconvénient, en administrant de temps à autre quelques gros de sels neutres dissous dans l'eau thermale, on y supplée aujourd'hui par l'eau de Sedlitz, l'eau de magnésie, les pillules laxatives, ou la limonade anglaise.

Une heure ou deux après avoir bu sa dernière verrée d'eau thermale, le malade fait un déjeûner léger, si les Eaux ont tellement excité son appétit, qu'il ne puisse attendre le premier repas. Ce déjeûner consiste en un bouillon, du vin vieux du pays, qu'on a soin d'édulcorer avec du sucre ou du sirop, du vin de Malaga, dans lequel on trempe une mouillette ou un biscuit; enfin, du chocolat ou du café.

Les eaux sont quelquefois coupées avec du lait, de l'eau de poulet ou de veau, des sirops béchiques ou rafraîchissans, lorsqu'elles déterminent de l'irritation, comme on le voit assez souvent dans l'asthme, le catarrhe chronique, la dyspepsie, etc.

Les cas où on les emploie spécialement en boisson, sont la chlorose, la leucorrhée, le catarrhe vésical, les sables ou graviers de la vessie qu'il n'est pas rare de voir expulser, quoique assez volumineux, par le seul effet de la boisson des Eaux ; certaines névroses de l'appareil digestif, la dyspepsie sans phlogose locale, l'ictère chronique, l'asthme, le catarrhe des vieillards, la phthisie pulmonaire à son début, la dysménorrhée. J'ai combattu avec avantage par l'eau ferrugineuse de S.-Simon, les gastrites chroniques, les pâles couleurs, l'anémie, la leuchorrée, certaines ophtalmies et le catarrhe vésical.

Douche.— La douche, *affusio* des Romains, consiste à exposer une ou plusieurs parties du corps à la percussion d'une colonne d'eau, dont le diamètre varie selon le besoin, et qui, suivant la hauteur de sa chute, frappe avec plus ou moins de vitesse ou de force. On y joint ordinairement l'immersion des pieds dans l'eau chaude : cette précaution est souvent indispensable pour détourner le sang de la tête et prévenir les conjestions cérébrales.

L'eau thermale alimente les douches par sa chute naturelle et sans être refroidie ni battue par le jeu d'une pompe. Elle est conduite dans les cabinets, au moyen de tuyaux de plomb, dont l'orifice est terminé par un robinet à clef. Des ajutages et des jets de divers calibres en modifient la veine liquide, au moment de son application. Ici, c'est une nappe d'eau; là, une gerbe de filets divergens ; quelquefois une multitude de jets se réunissant vers un même point; plus loin, une pression de 25 à 30 pieds qui fait exercer à l'eau passant au travers de la pomme d'arrosoir, l'action d'une brosse vigoureuse, dont les effets pénètrent jusque dans l'épaisseur des organes.

Les ajutages variés dont on se sert à Aix, les tuyaux flexibles en cuir qui y sont adaptés permettent d'appliquer les douches à toutes les parties, à toutes les régions du corps, et d'en modifier l'effet, pour ainsi dire, à l'infini (*Voyez la pl.* 8).

La colonne d'eau peut se diriger verticalement, horizontalement ou d'une manière oblique. Le plus souvent elle agit de haut en bas, c'est-à-dire, dans le sens de la force de gravitation ; d'autres fois cette colonne agit en remontant, c'est alors une douche ascendante, et on l'emploie de cette manière pour l'intérieur du nez, des oreilles, du rectum, etc.

L'on peut néanmoins rapporter toutes les douches que l'on a coutume d'administrer à Aix, aux douze ou quinze espèces suivantes. D'après sa température, la douche est *chaude*, *froide* ou *mitigée*. D'après sa direction, elle est *verticale*, *ascendante* ou *oblique*. D'apr's son

application au corps et l'étendue de la région qu'on y soumet, elle s'appelle *générale* ou *locale*; enfin, les Eaux de *Soufre froides* et d'*Alun* s'administrent *seules* ou *mélangées*, et on peut à volonté en adoucir le choc ou le laisser avec toute sa force de pression. Dans ce dernier cas, la douche prend le nom de *Grande Chute*.

Une des conditions essentielles pour pouvoir retirer le plus grand effet d'une douche, c'est de bien affermir la partie qu'on y soumet. Il faut donc que cette partie soit appuyée et le corps soutenu. Le malade y est généralement assis sur une escabelle ou étendu sur un coussin de paille ou de crin. Les paralytiques sont placés dans un fauteuil adapté à leurs infirmités. Les personnes affectées de coxalgie et de maladies articulaires qui leur interdisent tout mouvement, sont transportées sur des cadres en toile claire ou canevas, au moyen desquels on peut administrer la douche au malade, le porter de son domicile à l'Etablissement et le reporter ensuite, sans qu'il soit nécessaire pour cela de le déplacer de cette sorte de litière.

La température de la douche varie suivant les indications à remplir. Il en est de même de sa durée : en général, elle est de quinze à vingt minutes. Pour les personnes sensibles et irritables, huit ou dix minutes suffisent, et souvent même c'est beaucoup trop. Les douches locales seules se prolongent indéfiniment : mais, dans tout traitement méthodique, il faut marcher avec prudence et n'augmenter la douche en durée et en force que graduellement.

L'effet de la douche peut encore être infiniment modifié par des moyens auxiliaires concomitans, tels que les frictions à la main ou à la brosse, le massage, la flagellation, l'alternat entre le bain et des jours de repos.

L'action de la douche sur la surface cutanée, la réaction qui en résulte sur les divers systèmes de l'économie, ainsi que les changemens amenés par irradiation dans les centres nerveux, doivent être, pour le médecin des Eaux, un objet important de méditation. En effet, si, dans la douche ordinaire, la peau s'anime, se colore ; si le réseau capillaire se dilate et s'épanouit ; si les houpes nerveuses du derme acquièrent une plus grande sensibilité, qui se transmet aux organes sous-jacens ; si l'action des organes sécrétoires et excrétoires en est augmentée ; si la circulation du sang est accélérée ; si enfin, tout cet ensemble de symptômes produit un véritable accès fébrile factice qui se termine par une sueur abondante : que ne peut-on pas attendre de ses effets thérapeutiques, soit pour éliminer du corps les principes morbifiques qui l'entachent, soit afin d'y produire des absorptions et des crises salutaires, pour lesquelles la nature toute seule se trouvait impuissante !

A Aix, le malade se présente à la douche, avec son sécheur qui a dû se munir du billet de Bain et du N° d'ordre. Quand son tour est arrivé, il entre, son sécheur le déshabille et emporte ses vêtemens. Alors le malade est conduit dans le bassin par les Doucheurs (ou les Doucheuses, si c'est une femme); il se place sur l'escabeau ou la chaise qui lui convient, et se couvre ordinairement les épaules d'une pièce de flanelle en forme de schall. Les Doucheurs dirigent d'abord leur *cornet* sur ses pieds, et lui font parcourir successivement les différentes parties du corps, en s'arrêtant de préférence, aux régions qu'il leur indique. Ils y joignent presque toujours les frictions à la main ou à la brosse : ils massent ensuite, pressent et *pétrissent* les membres en tous sens : ils leur font exécuter des mouvemens d'extension et de flexion; ils les secouent légèrement; puis ils exercent, s'il est besoin, sur l'abdomen, des frictions douces qui procurent une espèce de ballotement aux organes qu'il renferme, et par là en favorisent les sécrétions et le jeu.

Le temps fixé par le médecin étant écoulé,

le malade sort de la douche ; on l'essuye avec des serviettes, on l'enveloppe d'abord d'un drap, et mieux encore d'une grande robe ou peignoir de flanelle, puis d'une couverture en laine ; on lui passe des serviettes autour de la tête et des pieds, et placé dans une chaise à porteur qu'on ferme exactement, il est ainsi transporté jusque dans son lit.

La sueur qui succède à la douche dure communément une heure ou deux. On la favorise en prenant un bouillon très-chaud ou quelques verres d'eau thermale. Le paroxisme fébrile se dissipe graduellement ; bientôt un sommeil agréable vient effacer la lassitude produite par la douche et ramène, dans toute l'économie, le calme et le bien-être.

Quant aux effets généraux produits par un auxiliaire aussi puissant que les frictions et le massage, nous ne pouvons en donner une meilleure idée qu'en reproduisant le passage relatif aux Bains orientaux, inséré dans le Dictionnaire des Sciences médicales (*Tome* 3, *p*. 150). « Tous les Auteurs s'accordent à dire que le massement joint aux Bains, détermine sur l'économie animale un changement accompagné des plus agréables sensations et dont difficilement on se ferait une idée. La peau d'abord humectée par l'eau ou la vapeur dans laquelle

elle a été plongée, devenue plus souple et plus flexible, ressent un bien-être qui donne à l'existence un charme tout nouveau ; il semble qu'on apprécie plus complètement le bonheur d'exister et que jusqu'alors on n'avait pas vécu. A la fatigue que l'on éprouve, succède un sentiment de légèreté qui rend propre à tous les exercices du corps ; les muscles, rendus à leur contraction naturelle, agissent à la fois avec plus d'énergie et de facilité. On croit que le sang coule plus largement dans les vaisseaux qui le contiennent ; les forces physiques éprouvent donc des changemens salutaires : mais les fonctions du cerveau qui sont si souvent modifiées par celles-ci, présentent bientôt un surcroît d'activité remarquable ; l'imagination se développe, le tableau riant des plaisirs s'y retrace avec des couleurs plus vives.... L'Européen, condamnant aveuglément les usages des autres peuples, quand souvent il ne les connaît qu'imparfaitement, trouve dans cette pratique asiatique, un plaisir qui la lui fait bientôt adopter ; il pousse quelquefois cette habitude jusqu'à l'excès, et les femmes de nos contrées, transportées sous le ciel fortuné des Indes, ne passent pas un seul jour, sans se faire masser par leurs esclaves, et sacrifient des heures entières à cette occupation. »

« Le massage, ajoute le Dr Rapou, agit directement sur les organes locomoteurs et même sur les viscères des grandes cavités. Il favorise le cours du sang, l'absorption des fluides, la sécrétion de la synovie, qu'il répartit également dans les articulations et les gaines tendineuses. Par ses alternatives de pression et de relâchement, et ses mouvemens répétés, il facilite la contraction des muscles; prévient, dissipe les adhérences et les engorgemens articulaires; il entretient les organes dans l'exercice libre et régulier de leurs fonctions, prolonge conséquemment la vie, ou la rend plus agréable, en éloignant les causes de maladies et d'infirmités. »

La douche générale avec ou sans massement est employée d'une manière très-avantageuse dans les paralysies et la myélite chronique; dans les obstructions viscérales et les engorgemens lymphatiques, dans les affections rhumatismales, les douleurs articulaires, les métastases goutteuses, menstruelles, hémorroïdales ou herpétiques; dans la maladie de Pott, dans la gastrite et l'entérite chroniques; dans les maladies des yeux et des oreilles, causées par le relâchement et la faiblesse, et généralement dans l'impotence des membres, suite de luxations, de fractures, d'entorses, de tumeurs blanches ou de fausse ankylose.

Douche ascendante. — La douche ascendante n'est qu'une modification de celle que nous venons de décrire : elle consiste, ainsi qu'on l'a dit, dans la direction imprimée à la colonne d'eau qui remonte, sous forme de jet ou de gerbe ; sa force est proportionnée à la hauteur du réservoir et à la forme de l'ajutage qui sert à la diriger. Cette douche s'emploie pour déterger les abcès du périnée, pour faire des injections rectales et vaginales, pour les injections dans le nez, sous le jarret, sous les aisselles, etc. Le malade, assis sur une chaise convenablement disposée, peut facilement diriger lui-même l'ajutage, soit d'une manière immédiate, soit en s'en tenant à une petite distance.

Un appareil spécial est établi dans un des cabinets du grand bâtiment pour l'appliquer aux yeux, au menton, aux narines et aux oreilles : on en a aussi de portatifs, qui peuvent servir dans toutes les pièces de l'Etablissement.

Cette douche, dont l'action est stimulante, résolutive et détersive, produit surtout d'heureux effets dans plusieurs affections de l'intestin *rectum*, dans son relâchement et celui des parties adjacentes.; dans la leucorrhée, la chlorose symptomatique, la suppression des règles et des hémorroïdes ; la dysménorrhée et surtout dans les engorgemens du col de la matrice, où elle a presque toujours suffi pour dissiper des accidens qui semblaient faire craindre de graves affections organiques. Le traitement de cette dernière affection demande à être surveillé d'une manière spéciale; le mélange des Eaux doit être minutieusement gradué, et la douche administrée à une température de beaucoup inférieure à celle de la chaleur du sang.

Douche écossaise. — Nous appelons ainsi le bain froid, tiède ou chaud, administré sous forme de pluie, c'est le *Shower-bath* des Anglais. Mon aïeul, le Dr Jh. Despine, l'ayant vu employer avec succès en Ecosse, dans les affections hypocondriaques, l'importa en Savoie, il y a 50 ou 60 ans, en lui donnant le nom de *Bain Anglais* ou *Ecossais*. Mon père l'introduisit, en 1822, dans l'Etablissement thermal d'Aix, à l'occasion de diverses affections nerveuses qu'il traitait par la méthode perturbatrice, et dès lors cette espèce de bains a reçu chez nous de nombreux perfectionnemens, qui en ont rendu l'emploi fréquent dans un grand nombre de maladies.

On use de la *Douche Ecossaise*, tantôt par secousses vives et subites, lorsqu'on veut produire une révolution dans l'économie ou une perturbation dans le système nerveux; tantôt on s'en sert comme moyen propre à arrêter l'effet énervant des sueurs trop abondantes; tantôt encore comme un puissant tonique chez les sujets lymphatiques à tissus lâches et mous. Une remarque importante, c'est qu'au lieu de diminuer les sueurs, la douche froide les détermine, et les augmente même chez la plupart des sujets, lorsqu'elle est immédiatement suivie d'une immersion dans l'eau à 30 ou 35 degrés Réaumur. Nous employons ce moyen avec succès chez ceux que l'eau chaude simple n'avait pu faire suer.

DOUCHE ÉCOSSAISE

L'appareil de notre *Shower-bath* se compose d'une petite caisse carrée, en fer blanc, suspendue à un *pied de chèvre*, ou potence mobile. Dans le milieu de cette caisse est placé un cylindre creux, soutenu par deux pivots ; il est ouvert dans le haut sur toute sa longueur, et muni d'une poignée propre à lui faire décrire un mouvement de rotation sur son axe. On y fait arriver, par des tuyaux en plomb, dont le bout est armé d'un robinet, un filet d'eau froide et un filet d'eau chaude, au moyen desquels on obtient les degrés de température convenables.

Avant de s'en servir, on commence en général et durant quelques minutes par masser, frictionner et doucher le malade, à l'eau chaude. On lui couvre ensuite la tête avec un casque, une éponge, un bonnet de taffetas ciré, ou simplement avec une serviette mise en huit ou dix doubles, pour diminuer l'impression qui en résulte sur le cuir chevelu, qu'il est bon quelquefois de ne pas mouiller; puis on le fait placer sous l'appareil, et on tourne le cylindre avec rapidité. L'eau se précipite dans la caisse et s'échappe au travers de son fonds percé de mille trous, et vient envelopper tout le corps comme une forte pluie d'ondée. L'impression produite au moment de la chûte est vive; on peut la comparer au réveil en sursaut.

On se borne quelquefois à une seule ondée; mais le plus ordinairement on en prend de trois à dix; on a vu des malades s'en faire administrer plus de cinquante; mais il n'est pas rare d'en voir porter le nombre à 15 ou 20, en se réglant d'ailleurs sur les forces, les besoins et la sensibilité du sujet.

Chaque ondée d'eau froide est communément suivie d'un arrosement d'eau chaude. Avec cette précaution, on éprouve à peine un instant d'horripilation et de froid. Il arrive ici comme au Russe et au Finlandais, lorsqu'ils se jettent dans la *Néva*, ou se roulent dans la neige, au sortir de leurs étuves : le surcroît d'activité qui résulte d'un pareil bain, neutralise l'effet du froid et arrête toute réaction fâcheuse. Mais il faut beaucoup de circonspection ; car s'il y avait abus, une impression froide trop forte déterminerait souvent des congestions internes.

Je ne partage point l'opinion de Gianini, qui pensait que le Shower-bath est généralement avantageux dans les affections fébriles continues ; je crois au contraire, avec Alibert et Marcart, que tout médecin prudent doit le prescrire avec beaucoup de réserve ; et, si on l'administre parfois dans des cas de névroses qui présentent quelques caractères d'acuité, c'est toujours alors pour produire une action perturbatrice propre à changer le mode de vitalité, et à régulariser le mouvement des organes malades, plutôt que pour réprimer l'état pyrétique ; indication plus facile à remplir par la saignée et les antiphlogistiques que par le bain froid.

S'agit-il au contraire de combattre des fièvres intermittentes, ce bain, tel qu'on l'administre à Aix, m'a toujours paru avoir sur elles un effet avantageux.

Du Bain en général. — Le bain (*balneum*, du grec *ballo* je chasse et *ania* la douleur) consiste dans l'immersion d'une ou de plusieurs parties du corps dans l'eau. C'est un des plus puissans moyens thérapeutiques connus. Les premiers législateurs en firent une loi, et les pères de la médecine, Hippocrate, Gallien, Celse, Avicenne, le recommandent de la manière la plus expresse.

Les bains peuvent être *froids*, *tièdes* ou *chauds*.

L'impression du froid et du chaud étant relatives, il n'est pas possible de déterminer le degré de température dans lequel ces sensations doivent être circonscrites; cependant, pour me conformer à l'usage, j'appellerai bains *froids*, ceux dont la température n'excède pas 15 degrés de Réaumur, *tempérés* ou tièdes, ceux de 15 à 25°, et enfin, *chauds*, ceux de 25 à 30° et au-dessus.

Bain tempéré. — Pour bien comprendre les effets du bain tempéré, l'on doit tenir compte des circonstances accessoires, appartenant à l'hygiène et à la thérapeutique, dont il sera fait mention ailleurs ; je me bornerai ici à dire qu'il a pour effet immédiat d'assouplir la peau, de la déterger des concrétions qu'amène la sueur, de faciliter les mouvemens musculaires et d'agir efficacement sur le moral, en mettant les organes du sentiment dans une disposition agréable.

Chez les personnes de constitution molle et lymphatique, quelquefois les mouvemens du pouls se ralentissent ; le plus souvent ils s'accélèrent d'abord et bientôt après ils reprennent leur état normal. Dans la plupart des cas, ils diffèrent peu de leur rhythme ordinaire. Cependant on ne saurait tracer de règles invariables à cet égard, parce qu'il faut plutôt juger de l'influence du bain sur l'économie animale, par l'effet qu'éprouve le corps, d'après la disposition actuelle de l'individu, que par sa température absolue et ses autres qualités physiques ou chimiques.

A Aix, on compose les bains tièdes avec l'eau d'Alun ou l'eau de Soufre, pures ou mélangées, qu'on fait refroidir au point convenable, tantôt spontanément tantôt avec de l'eau commune. Dans ce dernier cas, il est plus calmant ; et l'on s'en sert pour diminuer l'irritabilité nerveuse ou musculaire, apaiser la douleur, combattre l'exaltation cérébrale, le spasme et les convulsions. Administré avec des proportions croissantes ou décroissantes d'eau chaude ou d'eau froide, il sert de passage du bain tiède au bain chaud, ou bien à tempérer l'effet de la douche. En l'alternant avec cette dernière, il la rend moins fatigante.

Sa durée est ordinairement d'une heure, mais elle doit toujours être modifiée, ainsi que sa température, d'après les circonstances, l'âge du malade, son sexe, ses forces, sa susceptibilité, la nature du mal, l'excitabilité de la peau, l'état de l'atmosphère, etc.

Quoique l'Etablissement thermal d'Aix contienne des cabinets destinés à cet usage, le plus souvent les bains tempérés se prennent à domicile. Chaque hôtel, à cet effet, possède un nombre de baignoires proportionné à ses logemens. Pour s'en servir, il suffit de prévenir quelques instans auparavant le Sécheur pour qu'il pourvoie aux préparatifs nécessaires.

Souvent le médecin prescrit au malade, après être entré dans le bain à une température agréable, d'y ajouter peu à peu de l'eau chaude, jusqu'à ce qu'il y ait disposition prochaine à la sueur : ce mode convient dans le cas où, après avoir amolli par le bain tiède, on veut opérer une légère excitation analogue à celle de la douche, mais moins forte. D'autres fois, au sortir de la douche, il fait porter le malade dans un bain chaud qui est ensuite graduellement refroidi. Ceci a lieu lorsqu'on veut prévenir des sueurs débilitantes, et convient essentiellement aux personnes sèches, maigres, irritables, nerveuses, et pour lesquelles le *Shower-bath* froid serait une trop rude épreuve.

Piscine — La piscine ou bain *à grande-eau*, n'est qu'une variété du bain tiède. Les anciens avaient dans tous leurs établissemens thermaux une piscine servant à la natation, où toute la jeunesse se livrait à cet agréable exercice, et c'est encore aujourd'hui pour Aix un des plus puissans moyens d'hygiène et de thérapeutique. Aussi, en obtenons-nous des succès bien marqués, surtout chez les jeunes personnes dont la taille a quelque tendance à se dévier, ainsi qu'on l'a dit plus haut, et pour lesquelles ce genre de bains offre un charme irrésistible.

Nos deux piscines des THERMES ALBERTINS sont généralement maintenues à la température de 27 à 28° Réaumur (92 à 95 Farenheit). Se trouvant de quelques degrés au-dessous de la chaleur du sang, l'eau tempère celle de l'économie animale, et suffit pour imprimer aux organes intérieurs l'activité nécessaire dans une foule de maux.

Les personnes qui ne savent pas nager y trouvent des globes ou boules de fer blanc ou de zinc, vides et bien soudés, munis d'une ceinture pour les assujétir au corps. Ces globes de de cinq ou six pouces de diamètre peuvent soutenir sur l'eau des adultes de forte corpulence; et les enfans munis de *leurs boules* nagent avec une hardiesse qui prouve leur sécurité.

Les engorgemens glanduleux, les affections scrofuleuses et lymphatiques, l'atrophie des membres, le rachitisme, une menstruation qui se fait trop attendre, la lenteur du développement de tout l'organisme aux approches de la puberté, etc., etc., trouvent dans nos bains de natation, un remède aussi utile qu'agréable. Les paralytiques eux-mêmes en retirent les plus heureux fruits, au moyen d'un appareil flotteur destiné à leur permettre des mouvemens de locomotion.

FAUTEUIL FLOTTEUR POUR LES PARALYTIQUES.

Bain chaud. — Les effets immédiats du bain chaud peuvent se réduire aux suivans : la circulation s'accélère, la peau se tuméfie et rougit; une sueur légère couvre le front, les tempes et les lèvres ; tous les liquides se dilatent; le sang se porte rapidement aux poumons et à l'encéphale; de là, gène dans la respiration, douleur de tête, stupeur et coma, qui pourraient être suivis d'apoplexie, si l'on n'exerçait dans cette occasion la plus exacte surveillance. Les accidens fâcheux qui peuvent être le résultat de cette espèce de bain, ont rendu les gens de l'art extrêmement circonspects dans son emploi ; cependant il a cela de commun avec les remèdes violens que son activité même peut le rendre fort utile, entre les mains d'un homme instruit qui procède avec les précautions requises. Il convient en général, de commencer par des bains partiels, puis de passer aux bains généraux et de ne pas les prolonger au delà d'un quart d'heure, lorsqu'on les prend par immersion entière dans la baignoire; c'est ce qui se pratique au Mont-d'or, où l'on se baigne après la douche, dans l'eau même qui y a servi.

A Aix, le plus souvent on administre le bain chaud, au sortir de la douche, dans une pièce appelée le *Bouillon*. Il est rare alors qu'on y reste plus d'une à deux minutes; ordinairement on ne fait qu'entrer et sortir ; ce qui lui a fait donner vulgairement le nom de *Plongeon*. Il est cependant des circonstances où l'on doit le prolonger plus long-temps, surtout s'il est partiel; tels sont les cas de paraplégies anciennes, où il faut, pour me servir de l'expression d'Alibert, *cuire*, pour ainsi dire, le malade.

On emploie le bain chaud avec avantage dans la suppression des flux hémorroïdaux et menstruels, dans les rétractions tendineuses, les affections rhumatismales invétérées avec engorgemens froids articulaires ; enfin toutes les fois qu'on se propose de diminuer la masse des humeurs, de ramollir les solides, et qu'on n'a pas à redouter les effets d'une stimulation trop violente.

Etuve ou Bain de vapeur. — Les effets merveilleux, obtenus par les bains chauds, dûrent faire penser de bonne heure à tirer parti de l'eau réduite en vapeur. Dès l'antiquité la plus reculée, le *Tepidarium* faisait les délices de Rome. En Finlande, en Russie, on se sert d'étuves depuis un temps immémorial, et en Orient surtout, les femmes recherchent ce plaisir avec ardeur. En Egypte on est si convaincu de leur efficacité, au rapport de Timoni, qu'au lieu de se demander, lorsqu'on se rencontre : *Comment te portes-tu ?* on emploie cette formule : *Comment sues-tu ?*

L'action du bain de vapeur diffère essentiellement de celle du bain d'eau chaude ; car, d'un côté, l'eau vaporisée pénètre le système dermoïde d'une manière bien plus énergique, par cela même que ses molécules sont plus atténuées ; et de l'autre, la compression exercée par le fluide ambiant, pouvant être considérée comme nulle, l'expansion doit être plus grande du centre à la périphérie.

Les effets immédiats du bain de vapeur sur le corps humain seront d'autant plus grands que la température en sera plus élevée, à moins qu'on n'y soit amené insensiblement par l'augmentation de la chaleur d'une manière lente et graduée. C'est en procédant ainsi que Fordice et Broussonnet sont parvenus à supporter la température au-delà de 80° R., sans des souffrances trop vives. A la vérité, ils n'étaient pas dans une étuve humide : ils n'auraient pu la supporter à une température aussi élevée ; car on sait qu'une chaleur sèche de 50° R. ne fait guères sur le même individu plus d'impression qu'une étuve humide de 35°.

Voici la raison de ce phénomène. Pour faire passer à l'état de vapeur de l'eau à 100 degrés centigrades, il faut lui donner 550 degrés de calorique, c'est-à-dire, la quantité de calorique capable d'élever d'un degré un poids 550 fois plus grand d'eau ; et lorsque cette vapeur reprend l'état liquide, elle restitue ces 550 degrés. Or le corps humain n'étant qu'à 36 degrés centigrades, lorsqu'il est plongée dans de l'eau en vapeur, cette eau redevient liquide et fait passer dans le corps ces 550 degrés, ce qui est une énorme chaleur. L'air sec ne produit rien de semblable ; il n'agit que par communication, et en outre, comme il vaporise la sueur, il absorbe une partie de son calorique.

Un fait extrêmement curieux et qui se rattache au précédent, c'est que l'homme vivant conserve sa chaleur naturelle, quelle que soit la température du milieu qui l'environne. Tillet rapporte, à cette occasion, qu'il a vu la domestique d'un boulanger se tenir dans le four de son maître tout le temps que durait son service (lequel consistait à arranger le bois et le pain pour la cuisson), souvent par une chaleur excessive ; trois autres filles faisaient le même service. Ayant voulu savoir au juste le degré de chaleur qu'elles supportaient, il trouva qu'elles restaient dans le four 15 minutes, lorsqu'il était échauffé à 106° R., 10 minutes à 110° et 5 minutes à 113. Ainsi ces filles supportaient, dans ces épreuves une chaleur de 33° au-dessus de l'eau bouillante. Ce fait, tout extraordinaire qu'il paraît, est cependant confirmé par les expériences de Blagden, Banks et Sollander. Ces MM. ont constaté, en outre, 1° que l'homme peut supporter une température de 86° au-dessus de la chaleur naturelle, sans de graves inconvéniens; 2° que le pouls bat à 101° 1/3, cent quarante-quatre fois par minute; 3° que l'air expiré paraît froid et fait baisser le thermomètre; que le corps, au bout d'un quart d'heure, a perdu 300 grammes de son poids.

Les résultats généraux, produits dans de semblables étuves, sont bien différens de ceux que nous obtenons au Vaporarium, sur la grille du Bouillon et aux Thermes-Berthollet; car ceux-ci sont incomparablement plus doux, et constituent un des moyens thérapeutiques les plus avantageux. Sous leur influence, la peau se ramollit, les veines extérieures se dilatent et tout le corps se recouvre d'une légère rosée dûe plutôt à une légère vapeur qui se condense, qu'à l'exhalation cutanée. Ces gouttelettes ne tarderaient pas à produire un sentiment de froid si elles n'étaient sans cesse réchauffées par des nuées d'eau volatilisée, dont l'effet est de balancer l'évaporation qui tend à soustraire au corps une partie de son calorique.

J'ai été à même de vérifier l'effet calmant de

la vapeur de nos Eaux, dans quelques affections prurigineuses, dans l'asthme spasmodique et dans la phthisie au premier degré. Ces faits sont de nature à confirmer l'opinion des Drs Chaussier et Rapou, au sujet de l'action du gaz hydrogène-sulfuré, que l'on a toujours considéré comme étant un des principes les plus actifs des eaux d'Aix. Voici comment s'exprime à cet égard le savant Auteur de l'Atmidiatrique, dont l'autorité est si recommandable, surtout lorsqu'il s'agit de l'emploi des vapeurs comme moyen médicamenteux. « Le gaz hydrogène-sulfuré est un des plus précieux agens de la thérapeutique. Il est aussi celui dont on connaît le moins la manière d'agir; car presque tous les médecins le supposent excitant et emploient les vapeurs hydro-sulfurées pour augmenter l'énergie vitale de la peau, pour accroître la circulation capillaire; et, par continuité de tissu, l'irritabilité des parties profondes sur lesquelles on les dirige. Il est vrai qu'elles résolvent bien plus facilement et avec plus de promptitude les tumeurs et les engorgemens lymphatiques que tous les autres moyens: mais elles sont principalement sédatives et calmantes. Une singulière propriété du gaz hydrogène-sulfuré dont je me suis convaincu un grand nombre de fois, c'est qu'il tempère manifestement l'activité du calorique ; c'est-à-dire que la vapeur aqueuse qui, appliquée, soit en douche soit en bain, sur une partie quelconque du corps, à un degré donné, déterminerait chaleur, rougeur et gonflement, ne produira aucun de ces effets immédiats, si elle est saturée de gaz hydrogène-sulfuré. Après son action, la peau est plus souple, plus douce, plus onctueuse, etc. »

Le gaz hydrogène-sulfuré pur est, comme on le sait, un des gaz asphyxians les plus énergiques, un des poisons sédatifs qui agissent le plus puissamment sur le système nerveux. Cette circonstance a souvent fait croire à des savans médecins, physiciens et chimistes étrangers, que nos bains de vapeur pouvaient être dangereux ; mais cette assertion est facilement combattue par l'expérience qui, depuis un temps immémorial, a confirmé l'efficacité de ces bains dans beaucoup de maladies et leur innocuité parfaite, quand on en usait avec prudence. Elle l'est encore par les considérations suivantes, déduites de faits positifs.

1° Nos vapeurs hydro-sulfureuses ne sont pas pures. L'air atmosphérique et l'azote y sont en proportions infiniment plus considérables.

2° L'hydrogène sulfuré, qui se développe au moment où le gaz fourni par les Eaux arrive à leur surface, ne s'y accumule pas, puisque, comme on l'a vu précédemment, il forme de l'acide sulfurique qui imprègne le linge à sa proximité, convertit en gypse le revêtement calcaire de l'intérieur des cabinets et fait passer à l'état de sulfate le fer, le cuivre et le zinc qu'il y rencontre.

3° Enfin, les cabinets où ces vapeurs s'administrent ne sont pas hermétiquement fermés; au contraire, le mouvement des baigneurs, celui des gens de service, et la différence de pesanteur spécifique de l'atmosphère et de la vapeur des eaux chaudes, amènent dans la masse aérienne de ces cabinets, un mouvement qui en mélange, déplace et renouvelle à chaque instant toutes les molécules.

La vapeur s'administre à Aix de quatre manières. La première consiste à placer le malade dans une étuve où tout le corps est plongé. La deuxième se fait par encaissement, la tête seule dans ce cas se trouve hors de l'appareil, tandis que le reste du corps est plongé dans la vapeur. La troisième consiste à diriger la vapeur, sous forme de douche, ce qui s'exécute en conduisant le jet sur une seule partie, à l'aide de tuyaux dont on peut varier à volonté le diamètre, la forme et la longueur. Souvent c'est avec un manchon cylindrique, dans lequel on introduit la jambe, le bras ou la main; d'autres fois c'est avec un cône qui sert à concentrer les vapeurs et les rassembler en une sorte de foyer, sur la partie qu'on y soumet. Enfin, il est une multitude d'autres appareils, dont le détail serait fastidieux pour le lecteur, et que la simple inspection fera beaucoup mieux comprendre.

4° On a mis a profit la propriété qu'ont les liquides de produire une chaleur plus grande, à raison de leur densité spécifique, pour administrer des bains mixtes : c'est-à-dire, dans lesquels la partie supérieure du corps est soumise à l'action de la vapeur à 27°, pendant que les extrémités inférieures sont plongées dans un bassin d'eau de Soufre ou d'Alun, dont la température est bien plus élevée. Cette espèce de bain qui a de l'analogie avec le *Semi-cupia* des anciens, est toujours préférable chez les personnes très-sanguines ou douées d'un tempérament éminemment nerveux. Il est prudent, chez elles, d'appeler les fluides vers les régions éloignées des centres vitaux : on évite, par ce moyen, les causes d'irritation cérébrale et médullaire, souvent accompagnées de convulsions et de douleurs atroces.

On conçoit d'après ce qui précède, que l'air qui pénètre dans l'éponge pulmonaire, étant ici moins brûlant, la respiration doit être plus libre et les inspirations moins nombreuses ; il y a plus de calme dans la circulation ; il arrive moins de sang au cerveau dans un temps donné; ce qui doit faire préférer cette méthode, toutes les fois qu'on a à redouter des congestions sanguines à la tête.

Quant à l'application locale de la vapeur, elle peut être extrêmement utile, pour activer une inflammation circonscrite, favoriser la résolution d'un engorgement, hâter la rupture d'un abcès, faciliter le retour des évacuations menstruelles et pour produire une révulsion sur un point de la périphérie, dans l'intention de combattre une irritation profonde ou une inflammation latente des viscères ou d'organes plus essentiels.

Bain de boues. — Des bains de boues ont été introduits à Aix, à l'imitation de ceux d'Acqui, de Vinadio et de S.-Amand. De tout temps, on s'était servi des boues thermales de nos eaux en applications et en cataplasmes. On les recueillait autrefois dans le grand bassin central du grand bâtiment des Bains et dans le grand bassin des eaux d'Alun, appelé Bain Royal. Depuis que ces bains ont reçu des destinations spéciales qui ne permettent plus de s'y procurer ces boues spontanées, produit des conferves et de la matière animale ou glairine, on était privé de cette ressource utile ; mais dans la distribution des THERMES-ALBERTINS, un local spécial a été disposé pour y réunir tous les *detritus* des fontaines minérales, et y opérer les mélanges convenables.

BOUES MINERALES.

Les boues ainsi préparées se composent, comme à Acqui et à S.-Amand, d'une terre magnésienne, extrêmement douce et onctueuse au toucher, unie à la matière azotée et au soufre fournis par les deux eaux thermales. Elles sont mises en dépôt dans une espèce de puits ou réservoir disposé à cet effet. Continuellement agitées par l'eau d'Alun qui sourd au-dessous, leur masse s'imprègne de plus en plus de principes minéralisans, et quoique la température en soit moins élevée qu'à Acqui, l'on en retire néanmoins les plus grands avantages dans les rétractions tendineuses et dans plusieurs affections chroniques de la peau.

La densité de ce Bain étant supérieure à celle de tous les autres, et la chaleur s'y conservant conséquemment plus long-temps, à égalité de température, il n'est pas douteux qu'il ne produise des cures nombreuses dans certains cas de nécrose, de fracture, d'atrophie des membres; et qu'il ne devienne plus usuel dans les affections scrofuleuses, si souvent rebelles et si variées dans leurs formes.

§. 2me

PRÉCAUTIONS A OBSERVER

PENDANT L'USAGE DES EAUX.

Les moyens à mettre en usage pour retirer tout le fruit qu'on doit attendre des Eaux d'Aix peuvent se rapporter à deux chefs principaux. Les uns sont purement hygiéniques et relatifs aux affections de l'ame, à l'air, aux alimens, aux boissons, à l'exercice; les autres regardent spécialement l'administration des Eaux et sont du ressort de la thérapeutique. Tous sont fondés sur l'expérience et la tradition, et c'est à ce double titre qu'ils méritent l'attention des Baigneurs.

PRÉCEPTES HYGIÉNIQUES.

Affections de l'ame. — Les affections morales de l'homme (*animi pathemata*) sont si intimement liées à son organisation physique ; elles fournissent tant d'indications précieuses dans le pronostic et le traitement des maladies, qu'on peut facilement se convaincre du rôle important qu'elles doivent jouer dans la médication par les eaux minérales : en effet, si un accès de joie ou de tristesse, si l'envie ou l'ambition impriment à l'ame des secousses violentes, et quelquefois mortelles dans l'état de santé, elles ne peuvent manquer de produire des désordres extrêmement graves sur ceux qui arrivent aux Eaux, avec une organisation délabrée, et douée par là même d'une *impressionnabilité* plus grande.

Qui ne sait d'ailleurs, combien de fois l'atrophie, la mélancolie, le marasme, sont produits ou entretenus par la haine, l'amour, la jalousie ; combien un chagrin de famille, un léger revers de fortune, amènent de modifications dans la manière de faire, de dire, de penser ; combien enfin d'affections viscérales ont leur source secrète dans une aberration mentale, dans un repli du cœur....

Ce sont des considérations de ce genre qui ont fait dire au célèbre Auteur de l'*Arbre des Dermatoses* (le Dr Alibert), « *Quand vous arriverez aux Eaux minérales, faites comme si vous entriez dans le temple d'Esculape : laissez à la porte toutes les passions qui occupent votre esprit.* » Ce sont elles qui ont valu à la Science les ouvrages immortels des Dumas, des Louyer-Villermay, et qui ont encore, pour le médecin observateur, un intérêt d'autant plus vif qu'elles l'éclairent sur les variations qu'il doit apporter aux remèdes.

L'action des médicamens étant singulièrement influencée par les passions de l'ame, il arrive souvent que l'homme de l'art, pour obtenir du succès, est obligé premièrement d'agir sur le moral de ses malades, tantôt en s'efforçant de leur inspirer une confiance presque aveugle dans la nymphe des Eaux, tantôt en employant l'ascendant du caractère pour faire surmonter une répugnance, vaincre une habitude ; et quelquefois en déplaçant une idée, pour en faire naître une autre de nature différente, ou en variant les occupations accoutumées par des occupations, des surprises et des émotions nouvelles.

Les personnes portées à la mélancolie éviteront, pendant l'usage des Eaux, de rester seules et de se livrer à leurs propres pensées. Elle doivent manger de préférence à table d'hôte ; rechercher la société des personnes aimables et enjouées ; se dissiper par des lectures agréables, l'équitation , la danse , la musique , et semer des germes de guérison , en faisant succéder la gaîté à la tristesse et en remplaçant des habitudes sédentaires par une vie active et dissipée ; car c'est surtout aux Eaux qu'il convient d'être *toujours occupé, sans avoir rien à faire.*

Au contraire les personnes douées de passions vives , telles que la colère , l'ambition , l'amour..., devront les modérer et leur imposer un frein , pendant tout le temps que durera la cure. Ainsi que l'a fort bien dit un de nos plus aimables poètes.

Qui sait les maîtriser est le Dieu d'Epidaure.
Oui, la sagesse aimable est sœur de la santé :
Elle seule connait le secret qu'on ignore
D'assurer l'immortalité.

Air atmosphérique. — Les différentes variations de l'atmosphère, la chaleur, le froid , la sécheresse, l'humidité de l'air , le passage brusque d'une température à une autre sont, d'après Hippocrate (*De aere* , *locis et aquis*) les causes les plus fréquentes des changemens qui arrivent dans l'organisme , et conséquemment de la plupart des maux qui affligent l'espèce humaine. Ces divers états de l'air, par les modifications qu'ils impriment à l'exhalation cutanée, ont une influence plus grande qu'on n'imagine sur l'action des Eaux thermales, et l'on ne saurait, par ce motif, prendre trop de précautions pour se garantir des intempéries. L'air trop chaud irrite les poumons et produit la lassitude; l'air froid, des *répercussions* fâcheuses, des accès de toux, de goutte, de rhumatisme; l'air froid, saturé de vapeurs aqueuses, nuit essentiellement à la transpiration et produit le relâchement des tissus et l'atonie des organes.

Un des moyens les plus propres à prévenir les accidens qui résultent des variations de température est, sans contredit, l'usage des tissus de laine et spécialement de la flanelle, appliqués sur la peau. Cette précaution est presque indispensable pour les personnes qui ont la poitrine délicate et pour celles dont la peau facilement perméable, se couvre de sueurs, par la plus légère cause.

La facilité qu'offrent les environs d'Aix de se promener dans des lieux plus ou moins élevés, permet de varier l'effet de la pression atmosphérique suivant la maladie. C'est ainsi, par exemple, qu'on conseille l'air vif et frais des collines aux personnes douées d'un tempérament lymphatique, tandis qu'on recommande aux malades atteints de phthisie l'air doux et chaud du fond de la vallée.

Pendant l'été, les Eaux et l'ardeur du soleil occasionnent, vers le soir, un serein d'autant plus abondant que le rayonnement du calorique a été plus fort et l'évaporation plus grande. La chute de l'eau ainsi condensée, plus pernicieuse encore pour ceux qui n'y sont pas accoutumés, doit faire aux malades un précepte de rentrer chez eux de bonne heure, et surtout de ne pas se promener après le coucher du soleil.

Enfin, le bain, la douche et la boisson des Eaux ayant pour effet de produire des transpirations abondantes, les malades choisiront de préférence des chambres vastes et des appartemens où l'air puisse se renouveler aisément.

Régime. — Le régime, chose si utile même à l'homme qui jouit de la plénitude de ses fonctions, est cependant l'objet qu'on néglige le plus ordinairement, lorsqu'on vient aux Eaux pour cause de maladie.

Le luxe de la table, favorisé par l'empressement que les maîtres de pension mettent à plaire à l'étranger, la bonté des mets, leur délicatesse et leur profusion, concourent puissamment à faire négliger sur ce point les avis donnés par la Médecine. Tous les Auteurs s'accordent cependant à dire que l'abus qui accompagne ordinairement les délices de la bonne chère, est non seulement nuisible aux organes digestifs, mais qu'il occasionne encore les récidives les plus nombreuses, dans les maladies traitées par les Eaux minérales; en conséquence, voici quelques principes qui peuvent servir de règle au baigneur.

Le premier et le plus important consiste à user de tout avec modération, en évitant particulièrement l'excès des choses dont l'action est diamétralement opposée à celle des Eaux; tels sont les alimens qui tendent à stimuler fortement le canal alimentaire, et à diminuer ou à suspendre la transpiration habituelle de la peau.

Les viandes salées et surtout celle de porc, sont généralement nuisibles aux personnes atteintes de rhumatisme, de douleurs arthritiques et de maladies de la peau.

Le poisson d'eau douce convient au plus grand nombre des malades, aussi la consommation qui s'en fait à Aix, pendant le temps des Eaux est-elle considérable. On doit préférer celui dont la chair est tendre et peu fibreuse, comme la Lotte, la Truite, le Lavaret, l'Omble-Chevalier, la Carpe et le Brochet.

Puisque les Eaux prises en boisson, en bain

ou en douche, donnent une nouvelle vie au système circulatoire, qu'elles produisent une excitation générale, et que la constipation est le résultat ordinaire du surcroît d'action du système cutané, il convient de ne rien faire qui puisse contrarier le travail de la nature. On évitera donc les mets fort épicés, les fritures, les viandes trop grasses, surtout lorsqu'elles sont apprêtées avec des sauces de haut goût, les végétaux qui contiennent un grand nombre de principes stimulans, comme sont l'ail, le céleri, les raiforts, etc.

Les hypocondriaques, les hystériques, les valétudinaires, les personnes sujettes aux borborygmes, devront user avec circonspection des légumes, tels que pois, haricots, lentilles, fèves, épinards, salsifix, artichauts; ainsi que des fruits lourds, comme sont la courge, le concombre et le melon.

Les personnes chez lesquelles la transpiration est abondante devront être très-réservées dans l'usage des gelées de framboise, de groseille, et généralement de tous les acides. Ces substances, qu'on a regardées de tout temps comme rafraîchissantes, ont pour premier effet de produire le resserrement des tissus et conséquemment des pores, contrairement à l'action des Eaux qui tend à les dilater. Les sorbets et les boissons à la glace ont un résultat analogue et stimulent, en outre, d'une manière violente, l'appareil gastro-intestinal, d'où peuvent survenir des transports funestes. Un moyen de diminuer la qualité nuisible de ces boissons, c'est de se livrer à un exercice modéré immédiatement après les avoir prises; l'effet de ce mouvement est de porter légèrement à la peau et de balancer ainsi l'action repercussive des boissons réfrigérantes.

L'exercice et les pertes considérables que le corps fait par la sueur exigent, en général, une nourriture substantielle, de facile digestion et qui, sous le moindre volume possible, contienne le plus de matériaux nutritifs. Le *beef-steak*, le *roastbeef*, la volaille, le mouton et le veau rotis, les gelées animales forment la nourriture qui remplit le mieux ces indications: viennent ensuite les substances amilacées, le riz, la semoule, les pâtes de Gênes, les gruaux, la fécule de pomme de terre, le salep et l'arrow-root. Les crêmes au sucre, au chocolat, lorsqu'elles ne sont pas trop aromatisées, sont à la fois succulentes, nutritives et faciles à digérer. Les œufs doivent être regardés comme la substance animale la plus saine, la plus légère et la mieux adaptée aux différens tempéramens, pourvu qu'ils soient frais et que la cuisson ne leur ait pas fait perdre entièrement leur fluidité. Le fromage est indigeste, surtout lorsqu'il est récent et qu'il entre en trop grande proportion dans la composition des mets.

Le bouillon, fait avec des viandes de bœuf, de veau et de poulet, forme une solution de principes animaux nourrisante, réparatrice, et très-convenable au genre de vie que mène le Baigneur.

Le vin vieux du pays, étendu d'eau, constitue une boisson tonique, utile à ceux qui prennent la douche ; elle fortifie l'estomac et ranime promptement les forces. On évitera les liqueurs alcooliques pures : leur effet est d'exciter trop vivement et de produire ensuite un état de *collapsus* ou dépression vitale. Quant aux vins étrangers, ils conviennent à ceux qui en boivent habituellement ; mais leur dose devra être diminuée, dès qu'on s'apercevra qu'ils irritent les organes digestifs.

Le lait, l'orgeat, les décoctions mucilagineuses et autres boissons adoucissantes, dont l'usage est si avantageux, lorsqu'on vient aux Eaux pour des maladies de poitrine, pour des gastrites anciennes et autres lésions de l'appareil alimentaire, ne doivent pas être bues indifféremment par toutes sortes de personnes ; prises habituellement, elles sont loin de convenir à celles qui sont douées d'un tempérament lymphatique, qui ont la fibre lâche et qui sont naturellement portées à l'inertie; les boissons légèrement toniques, l'eau de la fontaine martiale de S.-Simon, la bière, les décoctions de houblon, de quassia et autres substances amères conviennent infiniment mieux à cette espèce de constitution.

Exercice.—Hippocrate, Sydenham et Baglivi ont recommandé l'exercice, spécialement dans les maladies chroniques. Au rapport de Gallien, les exercices de gymnastique étaient regardés par les médecins de la Grèce, comme un puissant moyen de relever les forces, de favoriser les crises et la convalescence.

L'exercice est encore aujourd'hui conseillé essentiellement dans le but de seconder l'action des eaux. On sait en effet que les mouvemens du système musculaire aident et facilitent ceux de tous les autres appareils organiques. Mais cet exercice doit en général être modéré et rarement poussé jusqu'à la fatigue; il varie avec le sexe, l'âge et les habitudes qu'on a contractées.

Les personnes jeunes et robustes choisiront de préférence la promenade à pied, dans les lieux escarpés, et surtout la promenade du matin, si elles font usage des eaux en boisson.

Les sujets affectés d'hypocondrie, d'hystérie, d'engorgemens de foie, de la rate et du pancréas devront préférer l'exercice à cheval. Le ballottement et les secousses qui en résultent, vont retentir jusque dans la profondeur des organes; ils augmentent l'action de l'estomac, favorisent la circulation dans le réseau capillaire sanguin et dans les vaisseaux lymphatiques; rien n'est plus propre à hâter la résolution des engorgemens et l'embarras des viscères abdominaux. La danse, le jeu de billard, la musique même et la natation, produisent encore un effet analogue; ils stimulent les tissus vivans tombés dans la langueur, donnent une énergie et une activité nouvelle à toutes les fonctions, et concourent ainsi à ramener l'équilibre entre les divers systèmes qui composent l'économie animale.

La proximité du lac du Bourget fournit aussi un moyen fort agréable de prendre de l'exercice, par la facilité qu'on a de s'y promener en bateau. Il faut seulement avoir la précaution de s'habiller plus chaudement que de coutume, afin de se prémunir contre les froids qui balaient la surface du lac, à différentes heures du jour.

Pour les personnes qui, par suite de faiblesse, de paralysie commençante, de *nodus* articulaire, d'ankylose, ne peuvent pas exécuter des mouvemens fort étendus, il serait souvent utile, ainsi que je l'ai vu pratiquer à Bath, de suppléer aux autres exercices par l'agitation d'un rouet, celui de rouleaux en bois qu'on fait mouvoir avec les pieds, la traction d'un ressort, l'effet musculaire des bras pour contrebalancer un poids dont on augmente chaque jour la pesanteur. Le char sygmoïde ou onduleux du Dr Pravaz pourrait de même trouver ici son application.

On pourrait encore adopter pour la promenade une sorte de *tricycle* ou petite voiture à trois roues, dont les malades se servent avec avantage dans les établissemens thermaux de la Grande-Bretagne. L'exiguité de ses dimensions permet à un domestique, placé derrière, de pousser et de faire avancer l'équipage, tandis que le malade le conduit lui-même, à l'aide d'une espèce de gouvernail qui change à volonté la direction de la roue de devant.

Du reste, on se procure à Aix, avec une extrême facilité, des chars légers et bien suspendus, des chaises à porteurs, courtes ou allongées, à dossier fixe ou mobile, au moyen desquels les plus impotens peuvent jouir de la promenade au grand air, et parcourir les sites environnans.

Enfin, s'il n'était pas possible de se livrer aux différens genres d'exercice que nous venons d'énumérer, on pourrait y suppléer par l'emploi des frictions, moyen dont les anciens avaient reconnu l'immense avantage et qui malheureusement est presque tombé en désuétude. Nos corps se soumettraient sans doute avec peine à l'action du strigile en usage parmi eux*; mais l'on y suppléera, en se servant d'abord d'un linge doux, puis d'un morceau de flanelle, et enfin d'une brosse dont le poil ne soit ni trop court, ni trop raide. Il convient de commencer par frictionner les extrémités supérieures, de passer successivement au cou, aux épaules, au reste du tronc et aux membres inférieurs, et de continuer jusqu'à ce que l'on ait produit sur tout le corps, la tête exceptée, une légère rubéfaction.

Repos. — L'âge, le sexe et la constitution doivent servir à régler la durée du sommeil. Les personnes faibles, les femmes, les vieillards et les enfans dormiront plus long-temps

* Le strigile antique n'était autre chose qu'une lame de métal, ordinairement de bronze et quelquefois de fer, ainsi qne le prouvent les fragmens trouvés dans les bains de Caracalla à Rome, et dans les ruines de Pompéi. (*Library of entertaining Knowledge* (*Vol. I*, *p.* 181).

que les adultes ; mais en général le temps consacré au sommeil ne dépassera pas huit à neuf heures. Cependant ceux qui ne font usage des eaux qu'en bain et en boisson, et ceux qui sont disposés à la paralysie, aux affections spasmodiques, aux congestions sanguines de la tête, se contenteront d'un sommeil beaucoup plus court.

Le repos est toujours avantageux, lorsqu'on revient de la douche ; mais il ne faut pas le prolonger au delà de deux heures. Il est nuisible, en général, après dîner, à moins qu'on en ait contracté une longue habitude, comme cela arrive souvent à l'habitant des climats chauds. Enfin, quelle que soit la manière dont on prenne les eaux, il convient de peu manger le soir et de mettre un intervalle d'une heure au moins entre le repas et l'instant du coucher.

On évitera soigneusement les veilles prolongées : elles causent de l'agitation, ébranlent souvent tout l'organisme et tendent constamment à aggraver les maladies ; car, ainsi que l'a dit un poète observateur :

C'est du sein des tranquilles nuits
Que naissent les jours sans nuages.

PRÉCEPTES THÉRAPEUTIQUES.

I.

Plus un remède est énergique et variable dans son application, plus il est nécessaire de l'employer avec discernement : on observe en effet que du choix et de la graduation des Bains dépend, en grande partie, le succès de la cure. Les moyens que conseille la prudence, sont donc d'étudier la sensibilité individuelle, de préparer graduellement la peau à une plus vive stimulation, de se garder de la soumettre brusquement à une excitation violente, de consulter les sympathies, en combinant avec art, les diverses espèces de bains, de douches et d'étuves : moyens qu'on ne saurait employer convenablement que lorsqu'on a acquis une connaissance profonde de la constitution des malades. Dans ce but, ceux qui se rendent à Aix ne sauraient trop mettre d'attention à se munir de notes historiques bien détaillées sur leur situation passée ; car rien n'est plus propre à éclairer le médecin sur la méthode de traitement qu'il doit suivre. Avant de commencer les bains, il est prudent de se reposer deux ou trois jours, surtout si pour arriver on a fait un long voyage. Il faut adopter de suite un régime convenable; se défier du trop grand appétit que donne un air nouveau, et adopter des vêtemens chauds et légers.

II.

Pour bien comprendre l'effet des bains sur l'économie vivante, il est nécessaire de tenir compte d'une infinité de circonstances, et d'abord, de la pression qu'exerce l'eau sur celui qui s'y soumet. L'eau augmente en effet, par sa pesanteur spécifique, le poids que l'atmosphère exerce sur le corps; et cette pesanteur devient encore plus considérable, à proportion des sels et des autres substances qui s'y trouvent suspendues ou dissoutes.

Ces considérations doivent tenir en garde contre les dangers qui peuvent résulter de la pression aqueuse, surtout pour les personnes dont la taille est ramassée, la tête volumineuse, le cou très-court, et qui sont par cela même pré-disposées à l'apoplexie et aux congestions cérébrales. Tous les viscères étant susceptibles d'éprouver un refoulement des humeurs, et par suite des transports dangereux sur les parties où cette pression s'exerce avec moins d'énergie, on conçoit qu'il doit exister une foule de cas, où il serait avantageux de n'entrer dans le bain que graduellement, ou bien de n'élever que peu à peu l'eau de la baignoire. * Les personnes robustes peuvent prendre le bain le matin à jeun, mais celles qui sont faibles et délicates doivent déjeûner après avoir fait une petite promenade et ne se rendre au bain que vers midi. Elles doivent toujours se lever de bonne heure, parce que rien ne débilite plus que le lit, après le sommeil naturel (qui doit être environ de 7 heures pour les hommes et de 8 pour les femmes et les enfans). Tous ceux qui auraient commis une intempérance la veille doivent retarder leur bain jusque vers le milieu du jour. Ceux qui mangent tard et beaucoup, ou qui ont été très-fatigués dans le jour, doivent s'abstenir de prendre le bain le soir. En général, il ne faut jamais attendre dans le bain, le deuxième frisson.

III.

L'effet de la température de l'eau, relative-

* En Angleterre on obvie aux accidens qui peuvent résulter de la pression de l'eau dans le bassin, à l'aide d'une sorte de dossier ou plan incliné mobile, sur lequel on s'appuie, et dont l'élévation et l'abaissement règlent celui du tronc et des extrémités du malade dans la baignoire.

ment à l'immersion du corps, est aussi bien différent de celui qu'exercerait sur lui l'air ambiant, au même degré. L'action du calorique sur le corps vivant paraît être subordonnée, ainsi qu'on l'a dit en parlant des bains de vapeur, à la densité du fluide qui en est le véhicule. C'est pour cette raison que l'huile bouillante produit une escarre plus profonde que l'eau chauffée à la même température, et que tel supportera aisément la chaleur de l'air à une température donnée, qui aura peine à soutenir celle de l'eau commune dans des circonstances égales.

IV.

La douche comme tous les autres remèdes, doit être en rapport avec les affections pour lesquelles on la prescrit ; sa qualité, sa force et sa durée doivent être réglées sur la nature et l'intensité du mal ; aussi serait-ce une erreur de penser, avec quelques personnes peu expérimentées, que ses effets sont d'autant plus énergiques qu'on la reçoit plus long-temps.

La seule impulsion de l'eau, suivant la hauteur de sa colonne, ainsi que le diamètre de l'ajutage, change déjà complètement sa manière d'agir ; et la direction imprimée au jet, de même que la position du malade qui le reçoit, influent considérablement sur les résultats qu'on doit en attendre. La pression exercée par l'eau, et le choc produit sur la partie souffrante, sont d'autant plus vifs que la colonne de liquide tombe plus perpendiculairement à la surface qu'elle frappe. Les malades négligent généralement ce principe, et flattés par la sensation plus douce qu'ils éprouvent, ils disposent leurs membres d'une manière oblique à sa direction: La douche ne fait alors qu'effleurer la partie sur laquelle on voulait concentrer toute sa force, ses effets deviennent presque illusoires, et elle ne remplit qu'imparfaitement l'indication que l'on s'était proposée.

V.

Il est cependant des circonstances où, en administrant les Eaux d'une manière douce et suivant une direction oblique, l'on obtient des effets avantageux. La douche qu'on prend dans ce cas, par *irrigation*, rentre dans le domaine des douches à faible courant ou *mitigées*, ce qui lui donne une façon d'agir et des propriétés spéciales. Comme le remède opère alors lentement, sans porter, dans l'exercice des organes, le trouble et le mouvement qui sont insépara-

*

bles des douches à forte percussion, on peut en prolonger plus long-temps l'usage; on les emploie ainsi de préférence dans les engorgemens articulaires bornés à une petite étendue, dans les obstructions viscérales superficielles, dans les catarrhes chroniques, accompagnés de spasmes et dans les écoulemens muqueux très-légers.

VI.

La prédilection ou la crainte du malade pour telle espèce de douche, de bain ou d'étuve, doivent en modifier l'emploi. Sans ajouter cependant trop d'importance aux effets que la frayeur produit chez des personnes jeunes et timides, à la vue de nos appareils de bains et des tourbillons de vapeurs qui les accompagnent, il est souvent nécessaire de temporiser et de ne les y amener que peu à peu. S'obstiner à leur faire surmonter les effets de cette terreur panique serait quelquefois très-dangereux; car on a vu des femmes chez lesquelles ce sentiment était tellement fort, qu'elles suffoquaient en entrant dans la douche, sans qu'il fût possible d'attribuer ces accidens à d'autres causes qu'à l'extrême sensibilité ou à la répugnance.

VII.

Le climat et l'habitude exercent une influence particulière sur les bains. Les fastes de la Médecine nous apprennent que plusieurs voyageurs qui supportaient très-bien le bain froid dans leur pays natal, ont succombé, à la suite de ces bains, dans des pays éloignés. Des Russes et des Finlandais auraient peine à supporter dans nos climats, la chaleur de leurs étuves à 60° R., et le bain de glace, à 10° au-dessous de zéro. Souvent on a vu des personnes en santé prendre chez elles un bain d'eau naturelle, à 27, 28 et même 30 degrés R., qui ont peine à supporter les bains d'Aix, à des degrés de température bien inférieurs.

Réciproquement, l'habitude que l'on contracte à Aix, de se baigner quelquefois dans l'eau très-chaude, comparativement à celle à laquelle on était accoutumé, fait que plusieurs malades, de retour chez eux, doivent élever de beaucoup le degré de chaleur qu'ils donnaient auparavant à leurs bains.

Ces causes locales, ces différences plus ou moins saillantes, ces circonstances en apparence secondaires, n'échappent point à l'œil exercé du médecin; et, bien qu'elles soient souvent inaperçues du public, elles n'en influent pas moins d'une manière positive sur la marche à suivre dans la cure d'eau thermale.

VIII.

Le bain tiède pouvant se composer à Aix de l'eau de plusieurs sources, chargées inégalement de principes médicamenteux, il serait facile de changer son action, ordinairement calmante et sédative, en une action irritante, dont l'influence deviendrait pernicieuse, si les organes du malade se trouvaient déjà dans un état de sur-excitation. D'autre part, l'extrême sensibilité des femmes, la mollesse de leurs tissus, doivent faire pressentir que les bains très-chauds, tels que ceux qu'on prend à l'Etablissement, dans les pièces appelées *Bouillons*, ou les bains très-froids, tels qu'on les administre quelquefois dans la douche écossaise, doivent leur être prescrits avec une extrême réserve.

IX.

En général, il n'est pas prudent de manger au bain : en effet, l'énergie vitale se portant au-dehors par le mouvement qui s'établit du centre à la circonférence, le travail de la digestion pourrait troubler cet effort salutaire, en agissant en sens inverse de l'effet qu'on veut produire. Par une raison analogue, on voit qu'il serait très-dangereux d'entrer dans l'eau, lorsqu'on sort du repas : car l'estomac devient alors un centre de fluxion, où les forces de la vie se concentrent et où les liquides affluent de toutes parts ; ce ne serait donc pas impunément qu'on intervertirait l'ordre de la nature. La boisson du lait, du bouillon, du café dans la douche ou l'étuve, n'a rien qui soit blâmable ; elle favorise au contraire la sueur. Le même précepte s'applique au déjeûner que nous permettons aux enfans, quand ils passent plusieurs heures dans la piscine à natation ; cependant, comme il est des cas où la nourriture prise dans le bain serait nuisible, c'est au médecin judicieux à décider quand il convient de s'en abstenir.

X.

Les personnes nerveuses et celles qui sont d'un tempérament sanguin, tombent quelquefois en syncope, pendant qu'elles prennent la douche. Cet accident ne doit point alarmer, pourvu qu'il ne soit pas trop souvent répété. La cause de ce phénomène existe dans l'impression que produit sur les poumons et par sympathie sur les nerfs du cœur et du cerveau, un air chargé de vapeurs fétides et moins oxigéné que celui qu'on a coutume de respirer. Quelquefois il est dû à l'état saburral des premières voies, et exige pour disparaître, l'emploi des laxatifs; d'autres fois il est l'effet d'une colonne d'eau thermale trop chaude, imprudemment dirigée sur la région de l'estomac, ou au milieu de l'épine dorsale; enfin, il peut être aussi le résultat d'affections organiques. Dans ce dernier cas, on doit discontinuer la douche. Il est généralement bon d'ailleurs d'en suspendre l'usage pour quelques jours, ou d'alterner avec les bains, les étuves, les douches locales, d'après les observations du médecin sur l'étiologie ou les causes cachées qui pourraient rendre l'effet des eaux dangereux.

XI.

Lorsqu'une affection morbide est ancienne, et qu'elle a jeté de profondes racines, elle exige plus de docilité de la part du malade, plus de constance dans le traitement; la cure sera plus longue; et c'est dans ce cas surtout que le remède, ainsi que l'a dit un auteur, doit *être chronique comme le mal*. On ne gagne rien alors à précipiter; souvent, au contraire, on aggrave la maladie.

Si le retour vers la santé se fait long-temps attendre, si même il ne se montre point pendant l'usage des eaux, c'est que la fièvre thermale et l'agitation qu'elle produit dans l'organisme, empêchent le malade d'en saisir les effets ; mais à peine ce tumulte s'est-il apaisé ; à peine le calme a-t-il succédé aux réactions vitales, que les signes de la santé reparaissent.

La règle générale à suivre dans ce cas, est de continuer l'usage des eaux, tandis qu'elles ne fatiguent pas, et aussi long-temps qu'elles produisent de l'amélioration. Malheureusement on ne suit pas toujours les conseils dictés par l'expérience. Un grand nombre de malades, émerveillés d'un succès souvent inespéré, et voyant marcher rapidement la guérison, discontinuent trop vite l'emploi des Eaux : d'autres, peu confians dans les lumières de leur médecin, se laissent aller au découragement, parce que les Eaux n'opèrent pas au gré de leurs voeux ; d'autres enfin, poussés par le désir d'obtenir une guérison qui se fait trop attendre, dépassent, dans leur usage, les limites convenables, et commettent une foule d'excès, en prolongeant l'emploi des bains, des douches et des boissons minérales.

XII.

Un autre écueil dans lequel tombent facilement les étrangers qui viennent aux Eaux, c'est l'abandon facile et irréfléchi avec lequel ils se livrent aux conseils des donneurs d'avis, qui, sans aucune connaissance en médecine, et sans avoir égard à l'âge, au sexe, au tempérament, prolongent souvent, par leurs prescriptions intempestives, des maux qui eussent cédé à un traitement rationnel, méthodique et éclairé.

XIII.

Souvent il arrive, par l'usage immodéré des Eaux prises en boisson, que les évacuations alvines, au lieu d'être naturelles, prennent tous les caractères de la dyssenterie accompagnée de tiraillement d'entrailles, de nausées et de rapports fétides, il est prudent dès lors d'en suspendre l'emploi, et il convient de prendre des lavemens d'amidon laudanisés, des infusions mucilagineuses, amilacées, etc. Si l'irritation du tube digestif se propage par sympathie, au larynx, aux bronches, et plus tard au parenchyme des poumons, on a recours aux saignées, aux applications calmantes, aux vapeurs émollientes et aux autres moyens antiphlogistiques.

XIV.

Il survient quelquefois, par l'effet des Eaux, de petits boutons (*herpes plyctenodes*) ou de simples rougeurs (*erithema vulgaris*) sur diverses parties de la peau. Ce symptôme est un effort de la nature qu'il faudrait bien se garder de réprimer. L'irritation révulsive qui en est la suite ne peut manquer de produire d'heureux résultats, lorsqu'elle est maintenue en de justes bornes. Connue sous le nom de *poussée des eaux*, elle constitue même une sorte de crise artificielle qu'on regarde comme un objet important de la cure, dans certaines eaux minérales, comme à Louëch; et c'est pour éviter toute répercussion, qu'il est alors convenable de se tenir plus chaudement; d'éviter la fraîcheur du soir et tout ce qui serait de nature à supprimer cette éruption.

XV.

Un préjugé assez généralement répandu est celui-ci, *qu'on ne doit associer à l'usage des Eaux aucun autre moyen thérapeutique intérieur ou extérieur :* cette opinion est loin d'être confirmée par l'expérience qui prouve, au contraire, qu'un certain nombre de cures exigent, outre l'emploi des Eaux, celui de moyens auxiliaires : tels sont de légers purgatifs, quand il y a saburre; des saignées, quand il y a pléthore; des préparations narcotiques et antispasmodiques, dans les névroses; l'iode, dans les scrofules et les engorgemens atoniques des glandes. Enfin, des faits qui datent depuis longues années, dans la brillante pratique de mon Père, lui ont prouvé de quel avantage était encore souvent l'électricité, associée aux secours que la Médecine tire des Eaux thermales, dans les dartres rebelles, l'épilepsie, les névralgies faciales ou tic douloureux; et l'emploi du mercure dans les maladies vénériennes compliquées de scrofules, de goutte ou de rhumatisme.

Ces faits sont nouveaux pour la science, et c'est sous ce rapport que j'ai cru devoir les signaler à l'attention des gens de l'art, en entrant dans quelques détails propres à expliquer ce qu'ils paraissent avoir de paradoxal ou de contraire aux opinions reçues.

Il est vrai que la siphilis, les névroses et les affections scrofuleuses articulaires, avec engorgement ou dépôts sans issue, lorsqu'elles sont traitées uniquement par les Eaux, à la manière des rhumatismes, des paralysies, des dermatoses, etc., sont toujours exaspérées au plus haut point : mais ce sont ces faits mêmes qui ont porté les médecins à chercher des secours dans un autre ordre de remèdes.

Mon père est le premier qui ait associé, à Aix, l'usage du mercure à celui des Eaux, pour la guérison des affections vénériennes, et l'on peut dire que ses succès ont dépassé ses espérances. Les bains, la boisson des Eaux, la douche et l'étuve; des préparations mercurielles, variées suivant l'âge, les goûts, les habitudes du malade; quelques pillules altérantes et diaphorétiques, des boissons lénitives, de légers laxatifs.... constituent toute sa méthode. C'est par ces moyens simples et modifiés d'après les circonstances, qu'il est parvenu, après un traitement de cinq à six semaines, à faire disparaître les symptômes de la siphilis devenue constitutionnelle, et caractérisée par des ulcères rongeans et serpigineux, des exostoses, des douleurs nocturnes ostéocopes, des bubons, des végétations verrugueuses et autres; la blennorrhagie siphilitique, la carie, l'irritis, etc.; symptômes qui avaient résisté jusque-là à tous les remèdes auxquels on avait eu recours.

Un fait très-remarquable dans cette médication par les Eaux et le mercure, c'est l'absence presque constante de la salivation, malgré les doses souvent énormes de ce métal introduites dans le corps. Il ne peut s'expliquer que par l'abondance des sueurs qui, ne permettant pas au mercure de séjourner long-temps dans l'économie, l'empêche d'y exercer une action délétère ; ou aussi, peut-être par une combinaison chimique qui transformerait en sulfure le mercure et le soufre absorbés. On sait en effet que l'action du cinabre sur le corps humain, diffère essentiellement de celle du mercure à l'état d'oxide ou à l'état de sel. Ce fait qui est parfaitement d'accord avec l'observation des célèbres professeurs Cullerier, Chrétien, Earle et Lawrence, prouve que la salivation, qu'on croyait jadis si nécessaire au traitement de la siphilis, ne doit plus être regardée que comme un résultat secondaire, qu'il est bon de faire cesser dans la plupart des cas ; ne fût-ce que pour épargner aux malades les effets pernicieux que cette sécrétion morbide exerce spécialement sur la membrane alvéolaire.

Un autre genre d'affection, traité avec beaucoup de succès à Aix, est celui des maladies nerveuses caractérisées par des rétractions spasmodiques des membres, suite de l'exaltation de la sensibilité générale et procurée par des frayeurs ou autres causes subites agissant sur le système cérébral. La méthode de mon père, pour traiter ces sortes de maladies, consiste dans une sage combinaison de l'emploi des Eaux thermales, sous différentes formes, avec la douche écossaise, le galvanisme et l'électricité. J'ai vu moi-même assez de cas frappans d'hémicranie, de tic douloureux et d'affections erratiques nerveuses, guéris par ces moyens, pour penser que, s'il existe un spécifique pour les maux de ce genre, c'est dans l'électro-galvanisme, joint à l'action des eaux, qu'il convient de le chercher.

On ne saurait donc trop appeler l'attention des savans sur ce genre d'étude qui semble promettre à la génération qui commence de si beaux résultats, pour la guérison de maladies dont on ne s'occupait presque autrefois que comme d'un point historique de l'art; et sur la nature desquelles les découvertes de Gall, Spurzeim, Magendie, Flourens, Rolando, Georget, Alexandre Bertrand, Desmoulins, ont déjà fourni des données si précieuses.

DE LA CURE D'EAU THERMALE.

Saison des Eaux. — Rien ne règle mieux le temps où l'on doit venir aux Eaux d'Aix que la saison du printemps. On peut s'y rendre de bonne heure, toutes les fois qu'elle n'a pas été pluvieuse et que les neiges n'ont pas été fort abondantes. On y viendra un peu plus tard, lorsque le printemps aura été froid et humide. Les mois d'avril et de mai sont souvent bien assez chauds et devraient être préférés par ceux qui redoutent la foule et l'encombrement. Cependant on peut faire usage des Eaux dans toutes les saisons, pourvu qu'on prenne les précautions nécessaires pour se garantir du froid et des variations atmosphériques. Il n'y a pas d'année que plusieurs malades n'y passent tout l'hiver, comme cela se pratique à Bath, bien que la chaleur des Eaux n'y soit pas aussi forte qu'à Aix, et jamais ils n'ont eu lieu de s'en repentir, lorsqu'ils l'ont fait d'après l'avis d'un médecin éclairé. Il est des cas impérieux, où il serait même imprudent d'attendre une époque plus éloignée, tels sont les cas de paralysie récente, sans turgescence à la tête, et d'affections nerveuses anomales. Les rhumatisans surtout doivent préférer, pour se rendre aux Eaux, la saison printannière; tandis que les personnes qui ont à redouter les congestions sanguines au cerveau font mieux d'y venir en automne, plutôt qu'au milieu de l'été. Le printemps n'est pas non plus favorable pour elles à cause du mouvement vital qui opère dans le corps, à cette époque de l'année.

PRÉCAUTIONS A PRENDRE AVANT L'USAGE DES EAUX.

Bien qu'il soit bon de se préparer au traitement thermal par des remèdes généraux, surtout si la maladie est de nature grave, il est plus essentiel encore peut-être, de se tenir en garde contre l'ignorance et la routine qui prescrivent généralement, l'emploi des purgatifs ou de la saignée. L'expérience confirme chaque jour que les purgatifs sont nuisibles lorsque les fonctions digestives se font selon l'ordre de la nature. Seulement, toutes les fois qu'un malade n'est pas d'une constitution très-irritable et qu'il existe chez lui des symptômes d'embarras gastrique ou intestinal, il faut, avant de prendre les Eaux, faire disparaître ces accidens, par quelques évacuations alvines. On emploie dans ce but les sels neutres tels que les sulfates de magnésie, de potasse, de soude, à la dose d'une demi-once à une once, dissous dans du bouillon aux herbes.

L'ouverture de la veine, dont on fait un si fréquent usage dans certaines contrées, est ici le plus souvent inutile. C'est seulement dans le cas d'une constitution pléthorique, d'une disposition à l'apoplexie, d'une évacuation sanguine supprimée, d'une habitude dès long-temps contractée de ce moyen, que l'on doit se permettre de pratiquer la saignée.

Les personnes nerveuses et toutes celles qui ont une tendance à l'irritation feront bien de se préparer à l'usage des Eaux d'Aix, en prenant, avant d'y venir, plusieurs bains tièdes d'eau commune. Il serait même bien pour celles qui ont le système sensitif extrêmement développé, qu'elles fissent préalablement une cure de petit lait.

Enfin, dans le but de calmer l'excitation produite par le voyage; avant de commencer le traitement, on devrait se reposer deux ou trois jours, pendant lesquels on prendrait quelques boissons rafraîchissantes.

Durée du traitement. — La durée de chaque cure ne saurait être précisée et dépend entièrement de l'état où se trouve le malade. En général, on peut dire qu'une cure de 20 à 30 jours est beaucoup trop courte pour des maux enracinés et opiniâtres. Il conviendrait souvent d'administrer les eaux à plus petite dose, d'une manière plus douce, et d'en prolonger l'usage, ainsi que le remarquent Bordeu, Monrò, Guersent, Saunders et Alibert.

Lorsque le mal a quelque intensité, il est rare qu'on ne soit pas obligé de revenir aux Eaux plusieurs fois dans la même année. C'est ce qu'on appelle faire une, deux ou trois *cures* ou *saisons*. Dans ce cas, si l'état des forces le permet, on a coutume de profiter de l'intervalle d'une cure à l'autre pour faire quelques voyages, que favorise singulièrement la situation d'Aix, à la portée des régions alpines les plus fréquentées par les curieux. On pourra choisir parmi les excursions suivantes qui ne prennent pas plus de deux ou trois jours.

1. *Chamonix*, par Anneci, Bonneville, S.-Gervais, et retour par Martigny et le Chablais; ou *vice versâ*;
2. *Genève*, par Anneci et le pont de la Caille; le tour du lac Léman, le pays de Vaud: retour par Rumilly;
3. *La Grande Chartreuse*, par Chambéry, la Grotte, les Echelles: retour par Grenoble, et la vallée de Graisivaudan;
4. *Belley*, par le Bourget, le Mont-du-Chat; Yenne, le Pont de la Balme: retour par Seyssel et la Chautagne;
5. *Tarentaise*, par la vallée de Savoie, Albertville, Moûtiers, les Etablissemens royaux des mines et salines, les bains de Brides, et retour par Faverges et Anneci;
6. *La vallée des Bauges*, par S.-Pierre, le Col

du Frêne : retour par le pont du Diable et la grotte de Bange ;

7. *Lyon*, par le bateau à vapeur : retour par Bourg, Nantua, la perte du Rhône et Seyssel ; ou par le Pont-de-Beauvoisin et la grotte des Echelles ;

8. *Turin*, par la Maurienne, le Mont-Cenis, et retour par la vallée d'Aoste et le petit ou le grand S.-Bernard.

Comme les bains commencent à être assez fréquentés, dès le mois de mai, et ne cessent de l'être qu'en novembre, plusieurs étrangers poussent leurs excursions beaucoup plus loin. Il n'est pas rare d'en voir partir d'Aix, au mois de juin, pour aller parcourir la Suisse, passer le Simplon, visiter les Iles Borromées, Milan, Gênes, une grande partie de la Lombardie et du Piémont, et revenir encore prendre les eaux au mois d'août ou de septembre, en regagnant la Savoie, par Turin, Suze et le Mont-Cenis.

Convalescence des eaux et précautions après le traitement. — Le malade serait dans l'erreur si, après avoir achevé son traitement à Aix, il croyait n'avoir plus rien à faire pour en conserver les fruits.

On peut comparer le temps de la cure à une longue maladie, composée d'autant d'accès de fièvre que le malade a pris de douches, et le temps qui la suit à une convalescence; mais, comme dans toute affection morbide, la convalescence est proportionnée à la durée de cette affection, de même aussi la fièvre artificielle que procurent les bains est-elle suivie d'un état intermédiaire qui n'est ni celui de santé, ni celui de maladie, que nous nommons *convalescence des eaux*, et dont la durée est proportionnée à la longueur de la cure elle-même.

En général, le malade doit observer, pendant la convalescence, les mêmes précautions et le même régime qui lui ont été prescrits durant le traitement. Il faut donc qu'il suive les principes hygiéniques développés au commencement de ce chapitre, sur lesquels je ne reviendrai pas; mais surtout qu'il évite les causes de refroidissement et les excès en tout genre, afin de ne pas s'opposer au travail insensible qui s'opère dans l'organisme, par suite de l'administration des Eaux. Il n'est pas rare que pendant cet intervalle il se manifeste des symptômes de saburre gastrique, tels que la perte de l'appétit, des nausées et l'enduit blanchâtre de la langue; l'on fait aisément disparaître ces malaises par un ou deux légers purgatifs, au nombre desquels sont: la crême de tartre, l'huile de ricin, les sulfates de soude, de potasse et de magnésie.

La répétition journalière des douches, des bains ou des étuves, détermine chez le malade des mouvemens que j'appellerai volontiers *fébriles thermaux*, dont l'effet se continue longtemps : aussi, de retour chez lui, éprouve-t-il une disposition à suer, aux époques de la journée où il suait à Aix, particulièrement s'il a soin de rester au lit, et s'il use de boissons légèrement diaphorétiques.

C'est à ce phénomène, qui se vérifie constamment du plus au moins, après une cure méthodique et régulière, qu'on doit, en partie, attribuer ces guérisons qui surprennent, arrivées quelques semaines après l'usage des eaux, dans les cas de sciatiques fort anciennes, d'engorgemens articulaires, de rhumatismes erratiques et autres affections que le traitement thermal semblait avoir exaspéré.

Une chose sur laquelle j'insisterai beaucoup, lorsque le malade est de retour chez lui, c'est la nécessité d'un repos de plusieurs jours avant de reprendre le courant des affaires ; surtout, lorsque ses occupations sont de nature fatigante : l'énervation, quoique faible, mais journalière qui en résulte, avant que l'effet des Eaux soit entièrement produit, est de nature à retarder singulièrement la guérison.

Quant aux soins diététiques, il convient d'y

apporter une attention spéciale, lorsque la *poussée des eaux* s'est effectuée d'une manière tardive; car alors le travail de dépuration n'étant pas complet, si la répercussion de l'exanthème a lieu, elle est presque toujours suivie d'accidens funestes. Enfin, on ne doit discontinuer ce régime et ces soins, qu'après un certain laps de temps, et lorsque la disposition aux sueurs spontanées a complètement disparu. On évitera par ce moyen, des rechutes d'autant plus faciles et dangereuses, pendant la convalescence, que le mal reparaissant avec une violence nouvelle, trouve des organes plus affaiblis et moins disposés aux réactions vitales.

Je terminerai en engageant les personnes qui ont fait usage des Eaux, surtout dans l'arrière-saison, à passer l'hiver suivant dans un climat chaud. D'après *Guersant* et *Alibert*, rien n'est plus propre à assurer les résultats heureux d'une cure faite aux Eaux thermales. Sous ce rapport, je recommanderai particulièrement celui de Nice, dont j'ai fait une étude spéciale. Le principal caractère de ce climat, qui est d'être sec et chaud, fait qu'il convient surtout aux personnes convalescentes, à celles d'un tempérament lymphatique, ou qui sont atteintes de rhumatisme, goutte chronique, catarrhe invétéré, rachitisme, scrofules, affections œdémateuses, en un mot, dans toutes les maladies qui s'aggravent par un temps humide et froid. C'est en effet, dans les affections provenant d'une atonie générale, bien plus encore que dans la phthisie pulmonaire, qu'on doit préférer Nice, Hyères et Naples à Pise, à Rome et à Pau.

Parmi les malades que j'ai vus à Nice, j'en ai rencontré plusieurs qui y avaient été envoyés par leur médecin, après avoir pris les Eaux sulfureuses d'Allemagne, des Pyrénées ou d'Aix-en-Savoie. Tous ont eu lieu de se louer de son délicieux climat. L'exercice à pied et en plein air que permet le séjour de Nice, dans une saison où ailleurs il serait dangereux, doit en grande partie contribuer aux bons effets qu'on en retire. Sauf quelques jours de pluie en novembre et quelques coups de vent en mars, on y est frappé de l'inaltérable sérénité du ciel.

Cette contrée représente par sa forme une ellipse. Elle est ouverte et baignée, au midi, par la méditerranée, et circonscrite, dans le reste de son étendue, par un triple amphithéâtre de montagnes. Les Alpes et les Apennins concourent à l'entourer de ce réseau qui la protège au nord, à l'est et à l'ouest.

C'est à cette circonstance qu'elle doit la richesse de sa végétation. C'est avec raison qu'on l'a surnommée la serre chaude de l'Europe. Le cactus, l'oranger, l'arbousier, la canne à sucre, le palmier, y prospèrent en pleine terre, et donnent à ce pays si intéressant une physionomie presque orientale.

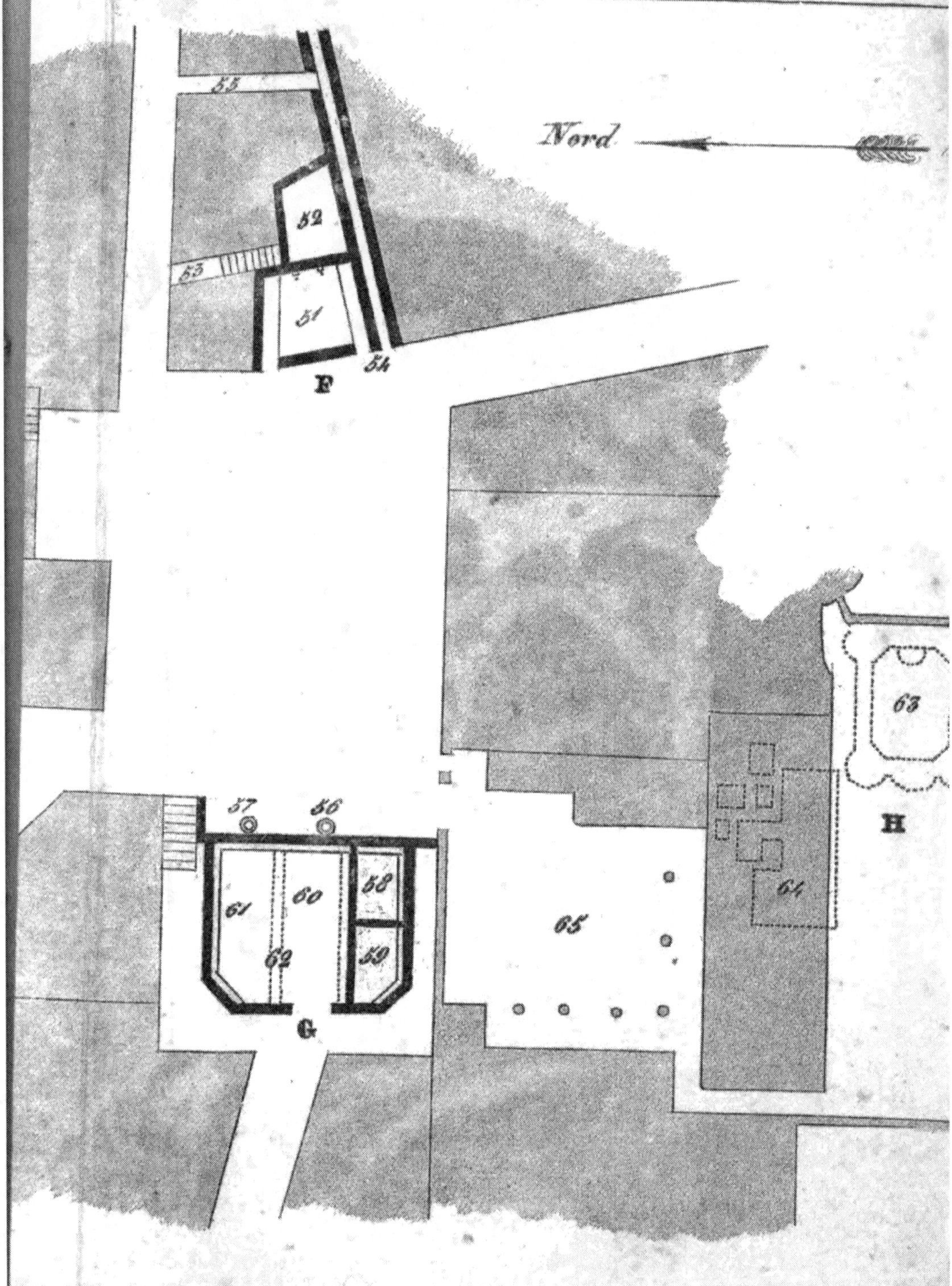

Nord

55

52

53

51

54

F

57 56

61 60 58

62 59

G

65

63

64

H

Lith. de Courtois et Aubert à C

BIBLIOGRAPHIE.

AUTEURS QUI ONT ÉCRIT SUR LES BAINS D'AIX-EN-SAVOIE.

Cabias Jean-Baptiste. — Les vertus merveilleuses des Bains d'Aix-en-Savoie. Lyon, 1523. Deuxième Edition. Lyon, 1688.

Baccius Elpidianus. — De thermis omnibus. Venise, 1588.

Boyer. — Della bontà dei bagni di Aix-in-Savoia. Nice, 1650.

Guichenon. — Histoire généalogique de la Rle Maison de Savoie. Lyon, 1660.

Garcin — Lettres à la Société de Médecine de Londres, sur l'usage des Eaux d'Aix-en-Savoie, pour guérir les rhumatismes, 1720.

De Saussure H. B. — Voyage dans les Alpes, vol. 3me Neuchatel, 1743.

Fantoni Joannes. — De Aquis Gratianis Libellus. Turin, 1745.

Daquin Joseph. — Analyse des eaux thermales d'Aix. Chambéri, 1773, in-8°; 2me Edition. Chambéri, 1808.

Despine Joseph. — Mémoire sur l'usage et les vertus des Eaux d'Aix, N° 4 du Journal de Lyon, année 5e.

PICTET (le Professeur.)
Deux lettres sur les Eaux d'Aix, Journal de Genève, 10 et 31 8bre, 1780.

BONVOISIN.
Analyse des principales Eaux minérales de la Savoie, en 1784. Mémoires de l'Académie des Sciences de Turin, v. 7, p. 419, 1786.

DESPINE C. H. A.
Essai sur la Topographie médicale d'Aix-en-Savoie et sur ses eaux minérales. Montpellier, an X (1802).

Observations de médecine pratique faites aux Bains d'Aix-en-Savoie, in-8°. Anneci, 1838.

ALBANIS BAUMONT.
Description des Alpes Grecques et Cotiennes, tome 2me, partie 1re. Paris, an XI (1803).

SOCQUET J.-M.
Analyse des eaux thermales d'Aix-en-Savoie. Chambéri, 1803.

ALIBERT.
Précis historique sur les eaux minérales. Paris, 1806, et Dictionnaire des Sciences médicales, v. 11, p. 159.

VERNEILH.
Statistique du Dépt du Mont-Blanc. Chambéri, an XIII et XIV.

GRILLET (l'abbé).
Dictionnaire historique de la Savoie. Chambéri, 1807.

LELIVEC.
Notice sur les Eaux d'Aix, Journal des Mines, vol. 19, p. 493.

BOUILLON-LAGRANGE.
Essai sur les eaux minérales naturelles et artificielles, Paris, 1811.

id.
Journal de Physique. Eaux d'Aix-en-Savoie, N° 58, p. 61.

id. — Dictionnaire des Sciences naturelles. Paris, 1816, v. 11, p. 105.

Millin A.-L. — Voyage en Savoie, en Piémont, etc. Paris, 1816, in-8°.

Patissier. — Manuel des Eaux minérales de la France. Paris, 1818, in-8°, p. 185.

Bertini. — Idrologia minerale, etc. Turin, 1822, p. 275,

Francoeur. — Notice sur les Bains d'Aix-en-Savoie. Chambéri, 1824.

id. — Sur la présence de l'acide sulfurique dans les vapeurs des Eaux d'Aix. Annales des Mines, 2me série, v. 5, p. 284, et Journal de Pharmacie. 1828, p. 340.

Ferrero Ponsiglione L. — Observations upon the town of Aix in Savoy and the springs of warm water there, translated from French into English, to which is added, an account of some astonishing cures in diseases, especially the gout. Gênes, 1825.

De Malzen, — Monumens d'antiquité romaine dans les Etats de Sardaigne. Turin, 1826.

Bertolotti. — Viaggio in Savoia. Turin, 1828, v. 2, p. 64.

Le Cte Fortis. — Amélie, voyage à Aix-les-Bains, 2 v. Lyon, 1829.

Guersent père. — Dictionnaire de Médecine, 21 v. art. Eaux Minérales. Paris, 1830.

Bakewell, — Sources thermales des Alpes. Philosophical Magasine and annals. Londres, 1830.

LE Cte DELOCHE. Mémoires de l'Académie de Turin, 1805 et 1808.

Mémoires de la Société Académique de Savoie; v. 1er, 1825; v. 3, 1828; v. 5, 1831. Chambéri.

DAUBENY. Remarks on thermal springs and their connexion with volcanos. Edimbourg, 1832.

DUMAS Alexandre. Revue des deux Mondes. Paris, 1832.

LÉON MARCHANT. Recherches sur l'action thérapeutique des eaux minérales. Paris, 1832.

BERNARD J.-Mlle Le Luth des Alpes. Essai poétique, historique et descriptif sur les Eaux d'Aix-en-Savoie : ouvrage couronné par la Royale Académie de Savoie. Paris, 1834.

CHASSELOUP. Guide pittoresque aux Eaux d'Aix-en-Savoie. Paris, 1834.

M. STARKE. Travels in Europe. Londres, 1834.

EBEL. Manuel du voyageur en Suisse, p. 687. Paris, 1834.

F. DOLLÉ. Histoire d'une promenade en Suisse, en Savoie et en France.

J. BONJEAN. Analyse Chimique des Eaux minérales d'Aix-en-Savoie, Chambéri, 1838.

RICHARD. Guide de l'Etranger aux Eaux d'Aix-en-Savoie. Paris, 1839.

CATALOGUE
DE QUELQUES INSECTES, MOLLUSQUES ET PLANTES DES ENVIRONS D'AIX.

COLÉOPTÈRES.

Ire SECTION.

I. PANTAMÈRES.
Cinq articles à tous les tarses

CARABIQUES.

—

CICINDELA, FABR.
Campestris, *id.*
Transversalis, ZIEGL.
Sylvicola, MEG.
Hybrida, F.
Germanica, *id.*
DRYPTA, F.
Emarginata, F.
ODACANTHA, F.
Melanura, F.
DROMIUS, BONELLI.
Elongatulus, DUFT.
Melano-Cephalus, DEJ.
LEBIA, LATR.
Cyanocephala, F.
Cruxminor, *id.*
Chlorocephala, DUFT.
Hemorroidalis, F.
CYMINDIS, LATR.
Homagrica, DUFT.
BRACHINUS, BON.
Crepitans, F.
Psophia, SANV.
Pectoralis, ZIEGL.
CLIVINA, LATR.
Arenaria, F.
Thoracica, *id.*
Gibba, *id.*
CEPHALOTES, BON.
Vulgaris, *id.*
STOMIS, CLAIRV.
Pumicatus, PANZ.
CYCHRUS, F.
Elongatus, DEJ.
Rostratus, F.
Attenuatus, *id.*
PROCRUSTES, BON.
Coriaceus.
CARABUS, F.
Cyaneus, *id.*
Violaceus, *id.*

Purpurascens, *id.*
Catenulatus, *id.*
Monilis, *id.*
Arvensis, *id.*
Auratus, *id.*
Auro-nitens, *id.*
Convexus, *id.*
Hortensis, *id.*
Vagans, Oliv.
Cancellatus, Illig.
Consitus, Panz.

CALOSOMA, F.

Sycophanta, *id.*

NEBRIA, Latr.

Psammodes, Ros.
Picicornis, F.
Brevicollis, *id.*
Castanea, Bon.

LEISTUS, Froeh.

Spini-barbis.

PANAGAEUS, Lat.

Cruxmajor.

LICINUS Latr.

Agricola, Oliv.
Cassideus, F.
Solieri, Roli.

BADISTER, Clairv.

Bipustulatus.

LORICERA, Latr.

Pilicornis.

CALLISTUS, Bon.

Lunatus.

OODES, Bon.

Helopioides.

CHLOENIUS, Bon.

Spoliatus, F.
Velutinus, Duft.
Vestitus, F.
Schrankii, Duft.
Melano-Cornis, Meg.
Nigricornis, F.
Holosericens, *id.*
Tibialis, Dej.
Chrysocephalus, Ros.

AMARA, Bon.

Eurinota, Panz.
Vulgaris, F.
Apricaria, *id.*
Familiaris, Duft.
Bifrons, Cyll.
Aulica, Illig.

ANCHOMENUS, Bon.

Prasinus, F.
Pallipes, *id.*

DOLICHUS, Bon.

Flavi-cornis. F.
Fuscus, *id.*

SPHODRUS, Clair.

Planus, *id.*

AGONUM, Bon.

Marginatum, F.
Austriacum, *id.*
Parum-punctatum, *id.*
Viduum, Panz.
Lugubre, Daft.
Peliduum, Payk.

CALATHUS, Bon.

Cisteloïdes, Ill.
Melano-Cephalus, F.

ARGUTOR, Meg.

Eruditus, *id.*
Vernalis, F.

POECILUS, Bon.

Cupreus, F.
Lepidus, *id.*
Viaticus, Bon.

OMASEUS, ZIELG.

Nigrita, F.

Anthracinus, ILLIG.

Melanarius, *id.*

PLATYSMA, BON.

Nigra, F.

PTEROSTICHUS, BON.

Oblungo-punctatus, F.

Parum-punctatus, DEJ.

ABAX, BON.

Metallicus, F.

Striola, *id.*

Ovalis, DUFT.

Parallelus, DUFL.

STEROPUS, MEG.

Æthiops, DUFT.

Malidus, F.

Concinnus, STURM.

MOLOPS, BON.

Terricola, F.

ZABRUS, CLAIRV.

Gibbus, F,

STENOLOPHUS, ZIEG.

Vaporariorum. F.

OPHONUS ZIEG.

Sabulicola, F.

Germanus, *id.*

Columbinus, GERM.

Rotundicollis, DEJ.

Monticolla, *id.*

Chlorophanus, PANZ.

Puncticollis, PAYK.

Maculi-Cornis, DUFT.

HARPALUS, LAT.

Ruficornis, F.

Æneus, *id.*

Griseus, PANZ.

Smaragdinus, DUFT.

Distinguendus, *id.*

Honestus, *id.*

Calceatus, *id.*

Rupribes, *id.*

Perplexus, DEJ.

Semi-violaceus, BRONG.

Serripes, DUFT.

Impiger, *id.*

Vernalis, *id.*

Bi-notatus, F.

Gilvi-pes, ZIEGL.

TRECHUS, CLAIRV.

Secalis, GYL.

Rubens, F.

BEMBIDIUM, BON.

Foraminosum, MEG.

Striatum, DUFT.

Andreæ, GYLL.

PERIPHUS, MEG.

Eques, STURM.

Varicolor, ILLIG.

Rupestris, *id.*

Cruciatus, DEJ.

Decorus, PANZ.

Rufipes, GYLL.

LOPHA, MEG.

4—Guttata, F.

4—Pustulata. DEJ.

4—Maculata, GYL.

NOTIOPHILUS, DUM.

Aquaticus, F.

Bi-guttatus, *id.*

Bi-punctatus, DEJ.

ELAPHRUS, FAB.

Uliginosus, *id.*

Riparius, *id.*

BLETHISA, BON.

Multipunctata, F.

OMOPHRON, LATR.

Limbatum.

II. *HYDROCANTHARES.*

DYTISCUS, FAB.

Marginalis, F.

Punctulatus, *id.*

Roeselii, *id.*

Fuscus, *id.*

Sulcatus, *id.*

COLYMBETES, LATR.

Niger, ILL.

Bi-pustulatus, F.

Maculatus, *id.*

Notatus, *id.*

Agilis, *id.*

Oblongus, ILL.

GYRINUS, FAB.

Natator, *id.*

III. *BRACHELYTRES.*

STAPHYLINUS, F.

Maxillosus, *id.*

Hirtus, *id.*

Pubescens, *id.*

Murinus, *id.*

Erythropterus, *id.*

Stercorarius, GRAV.

Fossor, *id.*

Æneocephalus, *id.*

Chalco-Cephalus, *id.*

Rufipes, LATR.

Olens, F.

Cyaneus, *id.*

Similis, *id.*

Fuliginosus, GRAV.

Splendeus, F.

Aeneus, GRAV.

Politus, F.

Cærulescens, DEJ.

POEDERUS, F.

Ruficolis, *id.*

Riparius, *id.*

OXYPORUS, F.

Rufus, *id.*

STENUS, F.

Biguttatus, *id.*

TACHYPORUS, GRAV.

Humeralis, *id.*

Marginellus, *id.*

Marginatus, *id.*

ALÉOCHARA, GRAV.

Canaliculalata, *id.*

IV. *STERNOXES.*

BUPRESTIS, F.

Tæniata, *id.*

9—Maculata, *id.*

Tenebrionis, *id.*

Tenebricosa, *id.*

Aenea, LIN, OLIV.

Rutilans, F.

Rustica, *id*,

Rubi, *id.*

Elata, *id.*

Biguttata, *id.*

Viridis, *id.*

Cyanea, OLIV.

Angustula, ILLIG.

Linearis, F.

Hyperici, CREUTZ.
Pusilla, GYLL.
Nitida, Ros.
Niticlula, F.
Candeus, F.
Salicis, *id.*
Sepulchralis, *id.*

TRACHIS, F.

Minuta, *id.*

ALATER, F.

Pectinicornis, *id.*
Hæmatodes, *id.*
Cactaneus, *id.*
Murinus, *id.*
Æneus, *id.*
Tesselatus, *id.*
Cylindricus, PAYK.
Hirtus, HERBST.
Niger, F.
Obscurus, *id.*
Pilosus, *id.*
Filiformis, *id.*
Longicollis, *id.*
Sanguineus, *id.*
Præustus, *id.*
Variabilis, *id.*
Sputator, *id.*
Marginatus, *id.*
Limbatus, *id.*
Pygmaus, *id.*
Elongatulus, *id.*
Balteatus, *id.*
Holoserieus, *id.*
Aterrimus, LIN.
Humeralis, PER.
Var-Humeralis, ZIEGL.
Crocatus, ZIEGL.
Austiachus, ZIEGL.
Segetis, GYLL.
Rufipes, F.
Thoracicus, *id.*
Pulchellus, *id.*
4—Pustulatus, *id.*

CEBRIO, F.

Gigas, *id.*

ATOPA, F.

Cervina, *id.*
Cinerea, *id.*

V. *MALACODERMES.*

LYCUS, F.

Sanguineus, *id.*
Aurora (*rare*), *id.*
Minutus, *id.*

OMALISUS, F.

Saturalis, *id.*

LAMPYRIS, F.

Noctiluca, *id.*
Hemiptera, *id.*

CANTHARIS, F.

Fusca, *id.*
Dispar, *id.*
Nigricans, *id.*
Obscura, *id.*
Alpina, PAYK.
Livida, F.
Melanura, *id.*
Bi-guttata, *id.*
Testacca, *id.*

MALACHIUS, F.

Æneus, *id.*
Bi-pustulatus, *id.*
Elegans, OLIV.
Viridis, F.
Marginellus, *id.*

Pulicarius, *id.*
Fasciatus, *id.*
Pedicularius, *id.*
Rubricollis, Gyl.

DASYTES.

Nigricornis, F.
Cæruleus, *id.*
Niger, *id.*
Æneus, Oliv.

VI. *TEREDILES.*

LYMEXYLON, F.

Navale, *id.*

PTINUS, F.

Imperialis, *id.*
Regalis, Ziegl.
Rufipes, F.
Fur, *id.*
Testaceus, Ziegl.

GYBBIUM, Latr.

Scotias, F.

TILLUS, F.

Elongatus, *id.*

CLERUS, F.

Mutillarius, *id.*
Formicarius, *id.*

NOTOXUS, F.

Mollis, *id.*

TRICHODES, F.

Alvearius, *id.*
Apiarius, *id.*

CORYNETES, F.

Violaceus, *id.*

VII. *NECROPHAGES.*

NECROPHORUS, F.

Germanicus, *id.*
Humator, *id.*
Vespillo, *id.*
Mortuorum, *id.*
Sepultor, Dej.

SILPHA., F.

Littoralis, *id.*
Thoracica, *id.*
Rugosa, *id.*
Sinuata, *id.*
Reticulata, *id.*
Granulata, Oliv.
Obscura, F.
Alpina, Bon.
Lævigata, F.
Atrata, *id.*

PELTIS.

Grossa, F.
Ferruginea, *id.*
Sabauda, Perret.

THYMALUS, F.

Lymbatus, *id.*

IPS, F.

4—Pustulata, *id.*

STRONGYLUS, Herbst.

Glabratus, F.

NITIDULA, F.

Varia, *id.*
Marginata, *id.*
Obsoleta, *id.*

BYTURUS, Lat.

Tomentosus, F.

SCAPHIDIUM, F.

4—Maculatum, *id.*

DERMESTES, F.

Lardarius, *id.*

Vulpinus, *id.*

Murinus, *id.*

Tesselatus, *id.*

ATTAGENUS, Lat.

20—Guttatus, F.

Undatus, *id.*

Pellio, *id.*

LÉPIDOPTÈRES.

I. *TRIBUS PAPILIONIDI.*

—

PAPILIO, Lat., Och.

Podalirius, Lin., F.

Machaon, *id.*, *id.*

PARNASSIUS, Lat.

(*Dorilis*, F. Och.)

Apollo, L., F.

Phœbus, F.

PIERIS, Lat.

(*Pontia*, F., Och.)

Cratægi, L., Fab.

Brassicæ, *id.*, *id.*

Rapæ, *id.*, *id.*

Napi, *id.*, *id.*

Daplidice, L.

Cardamines, L., F. etc.

Sinapis, *id.*, *id.*

Lacteus, Per.

COLIAS, Lat., Och.

Hyale, L. F.

Palæno, *id.*, *id.*

Europome, Esp.

Rhamni, L. etc.

POLYOMMATUS, Lat.

(*Lycæna*, F., Och.)

Betulæ, L., F.

Pruni, L., etc.

W-Album, H., Illig.

Quercus, L. etc.

Rubi, L. etc.

Phlæas, *id.*

Virgaureæ, *id.*

Xanthe, Fab. (Phocas, Esp.)

Hylas, F., H.

Tiresias, E. (Amynthas, F.)

Polysperchon, Och.

Aegon, Gon. (Alsus, Esp.)

Argus, L., F.

Admetus, Esp.

Eumedon. *id.*

Agestis, *id.*

Adonis, F.

(Golgus, H) Dorylas, H., (God.

Coridon, F.

Alsus, *id.*

Cyllarus, *id.*
Acis, God (Cleobis, de Prunner).
Argiolus, L.
Euphemus, H.
Arion, L.

II. *TRIBUS NYMPHALIDI*

—

LIMENITIS, F.
(*Nymphalis*, Latr.).

Lucilla, F.
Sibilla, *id.*

NYMPHALIS, Boisduval.
(*Limenitis*, Och.)

Populi, L., F.

APATURA, F.
(*Nymphalis*, Latr.)

Iris, L., F.
Ilia, F.

ARGYNNIS, F., Lat.

Selene, F., God.
Euprosine, L. etc.
Dia, L.
Pales, F.
Adippe, *id.*
Amathusia, *id.*
Lathonia, L.
Niobe *id.*
Aglaia, L., F.
Paphia, L.

MELITEA, F., Och.
(*Argynnis*, Latr.)

Maturna, L.
Cynthia, F.
Cinxia, *id.*
Didyma, *id.*
Phœbe, *id.*
Dictynna, Esp.
Athalia, God.
Parthenie, *id.*
Lucina, L.

VANESSA, F., Lat., Och.

Cardui, L.
Atalanta, *id.*
Io, *id.*
Antiopa, *id.*
Polychloros, *id.*
Urticæ, *id.*
C.-Album, *id.*

SATYRUS, Lat.
(*Hipparchia*, F., Och.)

Circe, F. ?
Briseis, L., F.
Hermione, *id.*, *id.*
Megæra, *id.*, *id.*
Ægeria, *id.*, *id.*
Galatea. *id.*, *id.*
Ligea, *id.*, *id.*
Pamphilus, *id.*, *id.*
Arcanius, *id.*, *id.*
Fauna, F.
Medusa, *id.*
Manto, *id.*
Dromus, *id.*
Phædra, L., etc.
Semele, *id.*
Tithonus, *id.*
Janira, Lin.
Jurtina, *id.*
Hispulla, Esp.
Eudora, F., H.
Hypperanthus, Lin, etc.

Blandina, F., God.
{Maera, L., God.
Hiera? H.
Adrasta, Esp.

III. *TRIBUSHESPERIDI.*

—

HESPERIA, Latr, Och.

Malvæ, F., God.
Lavateræ, *id.*, *id.*
Fritillum, God.
Lineola, *id.*
Tages, L., F.
Comma, *id.*, *id.*
Paniscus, F., God.
Sylvanus, F., God.
Linea, *id.*, *id.*
Alveolus, H.
Sao, H., God.

CREPUSCULARES.

I. *TRIBUS SESARIÆ.*

THYRIS.

Fenestrina, F., God.

SESIA, Lasp, Och.

Tenthrediniformis, G.
Chrysidiformis, *id.*
Cynipiformis, H.
Apiformis, L., F.

II. *TRIBUS SPHINGIDI.*

— —

MACROGLOSSA, Och.
(*Sphinx*, Latr).

Fuciformis, L.
Bombyliformis, Och.
Stellatarum, L., God.

SPHINX, Boisduval.
(*Deilephila et Sphinx*, Och.)

Elpenor, L., F.
Porcellus, *id.*, *id.*
Euphorbiæ, *id.*, *id.*
Convolvuli, *id.*, *id.*
Hippophaes, G.
Vespertilio, F.
Ligustri, L.

BRACHYGLOSSA, Bois.
(*Acherontia*, Och., *Sphinx*, L).

Atropos, L., L.

SMERINTHUS, Latr., Och.

Tiliæ, L., F.
Ocellata, *id.*, *id.*
Populi, *id.*, *id.*
Quercus, F.

III. *TRIBUSZIGÆNIDÆ.*

—

ZIGÆNA, F., L., O.

Scabiosæ, F.
Æacus, *id.*
Sedi, *id.*
Filipendulæ, L., F.
Fausta, *id.*, *id.*
Achilleæ, Och.
Exulans, Esp.
Trifolii, E.
Lonicerae, G.

Peucedani, E.
{ **Onobrychis**, F., God.
{ **Carniolica**, F.
Occitanica, De Villers, O., G.

SYNTOMIS, Ill., Latr.
(*Zygœna*, F.)

Phegea, L., G.

IV. *TRIBUS PROCRIDÆ.*

PROCRIS, F, Latr.
(*Atychia*, Och).

Statices, L., F.
Pruni, F.

NOCTURNI.

I. *TRIBUS CHELONARII.*

EMYDIA, Boisduval.
(*Callimorpha*, Latr.).
(*Eyprepia*, Ochs.).

Candida, G.
Cribrum, L.

EUCHELIA, Boisduval.
(*Lithosa*, Och. *Callimorpha*, Lat.).

Jacobeæ, L., F.

LITHOSIA, Och., Latr.
(*Callimorpha et Lithosia*, Lat).

Quadra, F.
Rosea, *id.*
Ramosa, *id.*
Griseola, H.
Complana, L., F.
Lutheola, H.
Irrorea, G.
Serva, H., G.

CALLIMORPHA, Latr.
(*Eyprepia*, Ochs.)

Dominula, L., E., G.
Hera, L., F.

CHELONIA, God.
(*Eyprepria*, Ochs.)

Plantaginis, L., F.
Hebe, *id.*, *id.*
Fuliginosa, *id.*, *id.*
Villica, L.
Caja, *id.*
Mendica, *id.*
Russula, F., H., God.
V. **Hospita**, Bork.
— **Unca**, Perret.
— **Circumflexa**, Perret.
Matronula, L., F. (*très-rare*).
Menthastri, F.
Lubricepeda, *id.*

II. *TRIBUS PSYCHIDÆ.*

PSYCHE, Schrank, Lat.
(*Tinœa*, H.).

Pectinella, F.
Muscella, *id.*
Viciella, *id.*

III. *TRIBUS BOMBYCINI.*

LIPARIS, Ochs.

Chrysorrhæa, L., F.
Salicis, *id.*, *id.*
Dispar, *id.*, *id.*

Auriflua, F.

ORGYA, LATR.

Antiqua, L.
Coryli, *id.*
Fascelina, *id.*
Pudibunda, *id.*
Gonostigma, F.

PYGÆRA, OCH.
(*Sericaria*, LATR.)

Bucephala, L.
Curtula, L., F.
Anachoreta, F.

LASIOCAMPA, SCHRANK.
(*Gastropacha*, OCH).

Quercifolia, L., F.
Pruni, L.
Potatoria, *id.*

BOMBYX, BOISDUVAL.
(*Gastropacha*, OCHS).

Trifolii, F.
Everia, *id.*
Franconica, *id.*
V. — Medicaginis, H.
Quercus, L.
Rubi, *id.*
Populi, *id.*
Cratægi, *id.*
Processionea, *id.*
Catax, *id.*
Lanestris, *id.*
Castrensis, *id.*
Neustria, *id.*

SATURNIA, SCHRANK.
(*Attacus*, LATR.).

Pyri, B.
Spini, *id.*
Carpini, B.

IV. *TRIBUS ENDROMIDI.*

AGLIA, OCH.
(*Saturnia*, SCHRANK, *Attacus*, LATR.).

Tau, L., F.

ENDROMIS, OCH.
(*Bombix*, SCHR, *Sericaria*, LAT).

Versicolara, L., F.

V. *TRIBUS ZEUZERIDI.*

COSSUS, F., LATR.

Ligniperda, F., G.

ZEUZERA, LATR.
(*Cossus*, F.)

Æsculi, L., F.

HEPIALUS, F.

Lupulinus, L.

VI. *TRIBUS DREPANULIDI.*

PLATYPTERIX, LASP.
(*Drepana*, SCHRANK.)

Spinula, H. (Compressa, F.),
Falcula, H. (Falcataria, L. F.)
Hamula, E. (Phalæna Falcata, F.)
Lacertula, H., (Phalæna Lacertinaria, F.)

VII. *TRIBUS PSEUDO-BOMBYCINI.*

—

DICRANURA, LATR.

(*Harpya* OCH. *Cerura*, SCHRANK.)

Furcula, L., F.

Vinula, *id.*, *id.*

Erminea, G.

NOTODONTA, OCHS.

Dromedarius, L., F.

Tritophus, F.

Ziczae, *id.*

Dictæoides, G.

ORTHORHYNIA, BOISDUVAL.

(*Notodonta*, OCH.)

Palpina, L., F.

VIII. *TRIBUS COCLIOPDI.*

—

LIMACODÉS, LATR.

(*Bombyx*, F. *Tortrix*. HUBNER.)

Testudo, G.

IX. *TRIBUS NOCTUO-BOMBYCINI.*

—

CYMATOPHORA, TR.

(*Tethea*, OCHSENHEIMER.)

Subtusa, F.

Diluta, *id.*

Oo, L., F.

Octogesima, H.

Flavicornis, L.

EPISEMA, OCH., TR.

Cæruleocephala, L., F.

X. *TRIBUS BOMBYCOIDI.*

—

ACRONYCTA, OCH., TR.

Megacephala, F.

Psi, *id.*

Euphorbiæ, *id.*

Aceris, L., F.

Alni, L.

Rumicis, L., F.

DIPHTERA, OCH., TR.

Orion, E.

BRYOPHILA, TR.

(*Pœcilia*, OCH.)

Receptricula, H.

Ractricula, *id.*

XI. *TRIBUS NOCTUELIDI.*

—

NOCTUA, BOISDUV.

(*Agrotis et Noctua*, TREITSCH.)

(*Agrotis et Graphiphona*, OCH.)

Rectangula, F.

Fumosa, *id.*

Exclamationis, *id.*

Depuncta, *id.*

Gothica, *id.*

C.—Nigrum, *id.*

Plecta, *id.*

Aquilina, W.

Var. Fuliginea, G.

Saucia, G.

Tenebrosa, DUP.

Sigma, W.

TRIPHÆNA OCHS, TR.

Orbona, F., G.

Var, Prosequa, DAHL.

—Adsequa, D,

—Connuba, H.
Subsequa, G.
Pronuba, L., F.
Fimbria, F.
Linogrisea, *id.*

AMPHIPYRA, Och., Tr.

Sivida, F.
Spectrum, *id.*
Cinnamonea, G.
Pyramidea, L., F.

MANIA, Tr.
(*Mormo*, Och.)

Maura, L., F.

HELIOPHOBUS, Boisduval.
(*Hadena*, Treitsch.)

Leucophæa, B.

HADENA, Och.
(*Plusia*, Tr.)

Genistæ, Dup.
Protea, *id.*
Cucubali, Dup.
Capsincola, *id.*
Glauca, *id.*
Dentina, *id.*
Contigua, F.

PHILOGOPHORA, Tr.
(*Hadena*, Och.)

Meticulosa, L., F.

MISELIA, Boisduval, Tr.

Oxyacantæ, L., F.

POLIA, Boisduval.
(*Polia et Miselia*, Och., Tr.)

Comta, F.
Serena, *id.*
Cytherea, *id.*
Filigrama, Dup.
Cappa, *id.*
Chi, L., F.

Dysodea. Dup.
Atriplicis, L.

ILARUS, Boisd.
(*Trachea, et Xanthia*, Treitsch.)

Piniperda, Dup.

APAMEA, Och.

{Didyma, Dup.
{Oculea, F., Devill. 2. 261.

Furuncula, Dup.
Bicoloria, Devill., 2. 288.
V. Erratricula, H.
—Pulmonariæ, D.
Latruncula, H.
Var. Meritricula, B.

LUPERINA, Boisduval.
(*Apamea*, Tr.)

Tastacea, Dup.

MAMESTRA, Tr., Och.

Basilinea, F.
Brassicæ, *id.*
Chenopodiæ, *id.*
Pisi, L., F.
Persicariæ, L., F.
Infesta, Och.

THYATYRA, Och.

Batis, L., F.
Derasa, L., F.

GONOPTERA, Latr.
(*Calpe*, Treitsch.)

Libatrix, L., F.

MITHIMNA, Och.

Albipuncta, F.
Conigera, *id.*
Neglecta, God.

ORTHOSIA, Och.

Cæcimacula, F.
Munda, *id.*
Pistacina, *id.*

Var. Lychnidis, *id.*

Stabilis, DUP.

CARADRINA, TR., OCH.

{ Cubicularis, W.
(4-Punctata, DEVILL,)2. 256.

Trilinea, DUP. (Quercus, F.)

LEUCANIA, BOISDUVAL.

(*Symira et Leucania*, TR., OCH.)

Nervosa, F.

Pallens, *id.*

L—Album. *id.*

NONAGRIA, OCH.

Phragmitidis, DUP.

Sparganii, DUP.

{ Typhæ, DUP.
Arundinis, F., ENT., SYST. TOM. 3. PARS. 2. p. 30.

XANTHIA, BOISDUVAL.

(*Xanthiaet Gorthyna*, TR.)

Citrago, F.

Cerago, *id.*

Gilvado, *id.*

Vitellina, DUP.

{ Silago, DUP.
Flavago, F.

V. — Flavescens, B.

V.— Palleago, H.

COSMIA, OCH., TR.

Trapezina, F.

Diffinis, *id.*

V.—A. (Alis anticis brunneis.)

V.—B. (Alis pallidioribus).

Affinis, L.

CERASTIS, OCH., TR.

Rubricosa, F.

Erythrocephala, *id.*

Satellitia, *id.*

Vaccinii, L.

V. Polita, DUP.

—Spadicea, H.

Ligula, E.

XYLINA, TR.

(*Xilena*, OCH.)

Conformis, F.

Rhizolitha, *id.*

Petrificata, *id.*

Rurea, *id.*

Vetusta, DUP.

Exoleta, L., DEVILL. 2. 226.

Conspicillaris, L. DEVILL. 2. 225.

Hepatica, DUP. (Charactera, H).

{ Polyodon, L., DUP.
Radicea, F.
Occulta, E.
Var. Lithoxilea, F. ENTOM SYST. 3. B. P. 123.

Zinastri, L., F., DEVILL.

{ Lithorhiza, DUP.
Operosa, H.
Areola, E.

Linariæ, DUP.

CUCULLIA, OCH., TR., DUP.

Pimbratica, L., F.

Lactucæ, F., DUP.

Verbasci, L., F., DUP.

Var. Scrophulariæ, E.

XII. *TRIBUS PLUSIDI.*

ABROSTOLA, OCH.

(*Plusia*, TREITSCH.)

Asclepiadis, F.

Triplasia, L., F.

CHRYSOPTERA, LAT.

(*Plusia*, TR.).

Moneta, F.

Concha, *id.*

PLUSIA, OCH., TR., LATR.

Chalsytis, H., TR.
Chalsytes, BORCK.
Bengalensis, R.

Festucæ, L., F.

Chrysitis, L., F., H., E.

Var. A. (Falciis aureis coadunatis.)

Circumflexa, L., F.

Gamma, L., F.

Interrogationis, L., F., H.

XIII. *TRIBUS HELIOTHIDI.*

ANARTA, OCH, TR.

Myrtilli, L., F., DUP.

Arbuti, F., DUP.
Heliaca, W., H., V., TR.
Fasciola, E.

HELIOTHIS, OCH., TR.

Ononis, F., H., DUP.

Dipsacca, L., F.

Marginata, F., DUP.
Rutilago, H.
Umbrago, E.
Conspicua, BORK.

ACONTIA, OCH., TR.

Solaris, W., V., H., DUP.
Albicollis, F.

Luctuosa, W., H.
Italica, F. 3. B. P. 37.
Astroites, DEVILL. 2. P. 263.

XIV. *TRIBUS CATOCALIDI.*

CATEPHIA, OCH., TR.

Alchymista, F.
Convergens, *id.*

CATOCALA, OCH., TR.

Fraxini, L., F.

Elocata, E, GOD.
Marita, H.
Uxor, H.
Nupta, F.

Nupta, LIN., GOD., W., V. TR., H.

Var.—Concubina, H.

Sponsa, L., F., GOD.

Var.—Rejecta, FISCH.

Promissa, F.
Sponsa, VAR., GOD.
Var.—Mneste, H.

Pacta, *id.*

Electa, GOD.
Pacta, W.

Pellex, H., GOD.
Puerpera, GIORN., TR.
Amasia, E.

Peranympha, *id.*, *id.*

OPHIUSA, OCH., TR.

Lunaris, F., GOD.
Meretrix, F.
Augur, E.

Craccæ, F., G.
Lusoria, L., F., G.
Algira, L., Oliv, G.
Achatina, F.
Triangularis, H.

CEROCALIA, Boisd.
(*Ophiusa*, Tr.).
Scapulosa, Dup.

XV. *TRIBUS NOCTUO PHALAENIDI.*

EUCLIDIA, Och., Tr.
Mi, L., F.
Glyphica, *id.*, *id.*
Triquetra, F.

BREPHOS, Och., Tr.
Parthenias, L., G.
Notha, Curt.
B. — Vidua, F.

ANTHOPHILA, Och., Tr.
Aenea, D.

ERASTRIA, Och., Tr.
Fuscula, D.
Polygramma,
Præduncula, B.
Argentula, Dup.
Pyralis bankiana, F.
Olivea, F.
Unca, Dup.
Pyralis uncana, F.
Geometra uncana, L.
Sulphurea, Dup.
Pyralis susphuralis, L.
Rombyx lugubris, F.

MALACOLOGIE.

HELIX,
Arbustorum, D.
Pomatia, *id.*
Naticoïdes, *id.*
Nomoralis, *id.*
Sericea, *id.*
Striata, *id.*
Cinctella, *id.*
Hortensis, *id.*
Pulchella, *id.*
Conspurcata, *id.*
Nitida, *id.*
Glabella, *id.*
Variabilis, *id.*
Rhodostoma, *id.*
Splendida, *id.*
Nitidula, *idi*
Hispida, *id.*

NERITA.
Fluviatilis,

CLAUSILIA.
Bidens, *id.*
Plicata, *id.*
Rugosa, *id.*

PUPA,
Variabilis,

Cinerea,
Tridens,
Dolium,
Doliolum;
Fragilis.

BUCCINUS,

Violaceus,

BULIMUS,

Radiatus,
Montanus,
Obscurus,

PLANORBIS,

Marginatus,
Vortex,
Contortus,

CYCLAS,

Rivularis,
Fontinalis,
Palustris.

LYMNEUS,

Stagnalis,
Palustris,
Elongatus,
Ovatus,
Glutinosus,
Auricularis,
Pereger,
Varietas minor.

CYCLOSTOMA,

Elegans,
Obtusum,
Patulum,
Maculatum,
Impurum.

BOTANIQUE.

ERIOPHORUM	Vaginatum,	VERATRUM	Album.
	Alpinum,	ALIUM	Sphærocephalum,
	Angustifolium,		Ursinum,
	Triquetrum, HOP.		Nigrum.
POA	Rubens, WILDEN.	LILIUM	Martagon.
AVENA	Pubescens,	ANDROSACE	Carnea,
	Versicolor, DEC.		Villosa.
AIRA	Montana,	EUPHRASIA	Minima.
	Cespitosa.	PEDICULARIS	Foliosa,
CONVALLARIA	Bifolia,		Tuberosa.
	Verticillata.	VERONICA	Alpina,
JUNCUS	Maximus,		Montana.
	Spicatus,	ERINUS	Alpinus.
	Niveus,	BETONICA	Alopecuros,
	Filiformis.		Hirsuta.

LINARIA	Versicolor, D.
	Alpina,
	Origanifolia.
GENTIANA	Lutea,
	Pneumonanthe,
	Verna,
	Acaulis.
PYROLA	Secunda.
EMPETRUM	Nigrum.
VACCINIUM	Uliginosum.
PHYTEUMA	Spicata,
	Hæmispherica.
HIERACIUM	Alpinum.
	Prenanthoïdes,
	Grandiflorum,
	Verbascifolium.
SONCHUS	Palustris,
	Cæruleus, SMITH.
CNICUS	Spinosissimus.
CENTAUREA	Montana.
CACALIA	Alpina,
	Petasites, D.
DORONICUM	Pardalianches.
ARNICA	Montana.
MEUM	Athamanticum, JACQ.
PHELLANDRIUM	Mutellina.
IMPERATORIA	Ostrutium.
SELINUM	Pyrenæum, G.
RANUNCULUS	Platanifolius,
	Aconifolius,
	Chærophyllos.
ANEMONE	Alpina, HOPPE.
	Apiifolia,
	Sulfurea, LIN.
ACONITUM	Napellus,
	Lycoctonum.

CARDAMINE	Resedifolia,
	Alpina, WILDEN.
SISYMBRIUM	Dentatum, ALL.
ARABIS	Alpina.
DENTARIA	Enneaphyllos,
	Digitata, DECAND.
LEPIDIUM	Alpinum.
GERANIUM	Sylvaticum,
	Pyrenaicum, etc.
DIANTHUS	Cæsius, SMITH.
	Alpinus.
CERASTIUM	Alpinum.
SAPONARIA	Ocymoïdes.
SAXIFRAGA	Stellaris,
	Cespitosa,
	Rotundifolia,
	Cæsia,
	Bryoïdes,
	Burseriana.
CHYSOPLENIUM	Oppositifolium,
	Alternifolium.
RIBES	Alpinum,
	Pætreum,
	Nigrum,
	Rubrum.
EPILOBIUM	Spicatum,
	Roseum, ROTH.
	Montanum.
CIRCÆA	Alpina.
SORBUS	Aucuparia.
ROSA	Villosa, LIN.
	*Mollissima, WILD.
	Lagenaria, VILLA.
	Rubiginosa,
	Alpina,
	Dumetorum,
	Pyrenaïca,
	Provincialis,
	Pimpinellifolia,

Bractata, PERS.
RUBUS Glandulosus, BEL.
GEUM Montanum.
POTENTILLA Aurea,
Opaca, etc.
DRYAS Octopetala.
OROBUS Sylvaticus,
Vernus,
Tuberocus,
Niger.
TRIFOLIUM Spadiceum.
SPARTIUM Montanum, LIN.
Alpinum,
Rubens,
Gracile, THUILL.
Agrarium, LIN.

Procumbens,
Filiforme.
GENISTA Tinctoria,
Ovata, WILD.
EUPHORBIA Palustris, LIN.
Purpurata, THUIL.
Exigua,
Falcata,
Acuminata, LAM.
Serrulata, PERS.
Sylvatica, LIN.
Retusa, PERS.
Verrucosa, LIN.
SINAPIS Pyrenaica.
SISYMBRIUM Acutangulum, DEC.

LICHENS.

PHISCIA Crysophtalma,
Farinacea,
Islandica.
IMBRICARIA Cyclocelis, DEC.
Retivuga,
Aipolia,
Pulverulenta,
Ulothryx,
Stellaris,
Grisea.
VERRUCARIA Galactites, D.
Olivacea, D.
Glaucescens,
Salicina,
Cærasi.
PATELLARIA Immersa, DEC.
Punctiformis, *id.*
Albozonaria, *id.*
Petrea, *id.*

Fumosa, *id.*
Muscorum, *id.*
Sinapisperma, *id.*
Granulosa, *id.*
Viridescens, *id.*
Fuscoatra, *id.*
Silacea, *id.*
Albocærulescens, *id.*
Detrita, *id.*
Corticola, *id.*
Ventosa, *id.*
Hæmatoma, *id.*
Craspedia, *id.*
Rosella, *id.*
Cupularis, *id.*
Effusa, *id.*
Rubella, *id.*
Flavovirescens, *id.*

	Vitellina, *id.*	UMBILICARIA	Hirsuta,
	Varia, *id.*		Corrugata,
	Cerina, *id.*		Pustulata.
	Rupestris, *id.*	ENDOCARPUM	Miniatum, OCH.
	Dispersa, *id.*	TUBERCULA-RIA	Rosea, D.
	Angulosa, *id.*		Confluens, *id.*
PELTIGERA	Aphtosa.		Vulgaris, *id.* etc.

NOTA.

Je dois les tableaux qui précèdent à M.r J.-B. Perret d'Aix, dont les précieuses collections sont devenues récemment la propriété des Religieux d'Haute-Combe. Ces Pères se font un plaisir de les montrer aux amateurs.

EXPLICATION DES PLANCHES.

Fragmens d'antiquités d'Aix et de ses environs.

1 Fragment du Vaporarium romain trouvé sous la maison Perrier-Chabert, dessiné dans la proportion d'un vingt-cinquième. Cette coupe fait connaître la manière ingénieuse avec laquelle les Romains construisaient ces sortes d'édifices. On y voit une première assise de larges briques, sur laquelle ont été établies les colonnes ou piliers qui supportent les bains. Au-dessus du chapiteau des colonnes, d'autres briques semblables à celles de la première assise, forment une plate-forme, sur laquelle a été placé un épais ciment. D'après M. Bonjean, ce ciment contient beaucoup de carbonate de chaux, un peu de carbonate de magnésie, du fer, de la silice et de l'alumine. Il présente les trois couches bien distinctes, indiquées par Vitruve. En bas est le *Rudus*, espèce de stuc composé de fragmens de briques, de sable grossier et de chaux. Au-dessus se trouve la couche nommée *Summa Crusta*, dont la pâte est plus fine et plus homogène, et enfin le *Nucleus*, ciment fort clair, remplissant tous les interstices. C'est sur ce dernier que s'ajustaient les plaques de marbre destinées à former le revêtement intérieur de la pièce

située au-dessus. Ce marbre d'une blancheur parfaite est composé de :

argile ou silicate d'alumine ,	0,009
carbonate de magnésie ,	0,010
carbonate de chaux ,	0,981
	1,000

Ce fragment représente deux bassins adossés l'un à l'autre. Le massif qui les sépare est formé de briques et de ciment.

L'arc qui se voit à la droite de la figure fait partie de l'aqueduc voûté qui amenait les eaux dans la partie inférieure du Vaporarium.

La première assise de larges briques , dont il a été question et sur laquelle repose tout le massif des bains , est elle-même établie sur un épais ciment composé des trois couches : *Rudus , Summa Crusta* et *Nucleus.* C'est entre le sol et ce ciment qu'était placée la couche de charbon dont il est parlé page 32.

2 Développement des couches déjà décrites fait sur une échelle plus considérable , afin d'en pouvoir mieux considérer les différentes parties.

3 Fragment de marbre blanc orné de moulures et servant à former les montans ou *pieds-droits* de la porte qui donne entrée au *Bain dit de César.*

4 Petite cheminée en terre cuite , faite d'une seule pièce , servant à conduire les vapeurs de la partie basse du Vaporarium à la partie supérieure du même édifice. Des cheminées semblables, remplies de ciment , ont été employées dans le massif des constructions N° 1 , pour former les gradins sur lesquels les malades étaient assis.

5,6,7 Briques romaines de différentes grandeurs et portant des inscriptions qu'on croit être de simples marques de fabrique. Aucune d'elles n'offre l'inscription *Gratianus*, ainsi que l'ont avancé quelques Auteurs. On a trouvé, suivant Chorier, plusieurs briques analogues à celles-ci, à Vienne-en-Dauphiné et dans d'autres Stations romaines de l'Allobrogie.

8 et 9 Fragmens de statues antiques trouvés dans les débris du Vaporarium. Tous deux sont en marbre blanc. Celui qui correspond au N° 9 est veiné de violet.

10 Gnomon antique, également trouvé dans les ruines du Vaporarium. On en a donné la description page 39.

11 Amphore découverte dans le Jardin-Roissard. Elle a été donnée par le propriétaire, au musée de Chambéri.

12 Inscription romaine donnée à l'Etablissement thermal par M. le Chr De Martinel. Elle a été mal rapportée par Guichenon et Albanis-Beaumont.

13 Inscription trouvée en 1825 à S.-Innocent et donnée à l'Etablissement par mon père. Elle est assez curieuse parce qu'elle paraît indiquer le nom antique de ce village. Elle est inédite et se voit, ainsi que la précédente, dans la cour des Thermes-Albertins.

14 Inscription trouvée à Grésy-sur-Aix.

15 Sarcophage antique trouvé dans le même lieu. Albanis-Beaumont en a donné un dessin inexact.

16 Profil du même sarcophage vu du côté de la tête.

17 Inscription romaine inédite, trouvée, il y a peu de temps, dans les ruines de l'ancienne chapelle du Château de Grésy.

Pour compléter cette notice archéologique, j'indiquerai encore ici quelques autres fragmens antiques dont deux sont inédits.

Sur une pierre de la façade de l'église d'Aix :

D. M.
DIVI. TITI. HILARI
TITIA. APATE
CONJVGI
PIISSIMO
ET FILI ET
D. TITIVS. HERMES
FRATER.

Sur un fragment d'entablement trouvé près du temple de Diane :

VAL. GR.
AV.

Au bain royal :

GVLILIVS
CVRICVS
BOMV. V. S. L. M.

Sur une pierre qu'on voyait autrefois sur la boutique du sieur Manget :

L. JVLIO.
CAPITONI. ET.
JVLIAE. TERTIAE
CN. JVLIVS. LVCINIVS.
PARENTIBVS.

Près des bains romains :

D. M.
D. T. DOMITINI. POSSESSOR. AQVENSIS.
ET TITIVS. DOMITIVS. PATRI.

Sur une pierre qui était à l'entrée du Château ; portée en Piémont, en 1838, par M. le Marquis d'Aix :

COMEDOVIS. AVGVSTIS.
M. HELVIVS. SEVERI. FIL.
JVVENTIVS. EX VOTO.

A l'ancien mur de ville du côté de Chambéri :

POMPEIAE. PIAE.
H. POMPEIVS. CARPOPHORVS.
CONIVGI. CARIS.

Sur un conduit de plomb du vaporarium romain :

NIONIS.

Dans les premiers jours de juin 1840, pratiquant des fouilles autour de ma maison, à 15 mètres environ du temple de Diane, j'ai découvert, à 5 pieds sous le sol, un piédestal de statue, dont la face postérieure est raboteuse et qui faisait peut-être partie d'un mur d'enceinte, ainsi qu'on en voit des exemples à Pompeï.

Voici ses proportions :

Hauteur totale du monument,	*millimètres*	1782
Hauteur du corps du piédestal,		1290
Largeur du piédestal en haut,		570
— vers la base,		580
— sur le retour,		455
Largeur de sa base,		240
Saillie de la base,		82
Hauteur de la corniche,		122
Saillie de la corniche,		75
Hauteur des enroulemens qui surmontent la corniche,		130

J'ai trouvé aussi récemment à Aix, près de ma porte d'entrée, dans les fondations de l'ancien mur de ville, un tronçon de pilastre demi-circulaire que ses dimensions pourraient faire supposer avoir appartenu au temple de Diane.

Une observation que j'ai omise en parlant de l'arc de Campanus, c'est que les voussoirs ne sont point compris entre deux lignes parallèles, ainsi que le faisaient ordinairement les Romains. La même particularité existe à Vienne-en-Dauphiné, à la porte du Prétoire. Pour arriver à la base des pilastres de l'Arc de Campanus, là où se trouve la pierre brute et par conséquent le sol antique il y a 60 centimètres.

Antiquités trouvées au village de S.-Innocent.

Sur un sarcophage déposé dans mon jardin, près du cimetière où il était enfoui.

FLAMEN.
E MART TEMPLUM.
OM US. ORNAMENTIS QVO.

Sur un reste d'attique en marbre blanc au pied droit de la porte du clocher.

SINC.

Sur un bloc aujourd'hui incrusté dans le mur de la cour des Thermes-Albertins.

AVG. SACR.
AD. VICOS. EDICARVM
ANTIQVA. CONSVE
TVDINE. L. ARRIVS
INVS. EX. VOTO. A. D.

Inscriptions trouvées au Vivier.

V. M. F. VOLVET.
ROMANO. OMN.
T. ALLECTINAM.

A S.-Marcel :

C. SENNIVS. C. F. VOL. SABINVS
PRAEF. FABR. BALINEVM.
CAMPUM. PORTICVS. AQVAS
JVSQVE. EARVM. AQVARVM
DVCENDARVM. ITA. VT. RECTE. PERFLVERE
POSSINT. VICANIS. ALBINENSIBVS
D. S. D.

A Mont Falcon :

VIBRIO. AVO. PVNICO
PRAEF. EQUITVM
PRIMOPILO TRIB. MIL. PRAEF.
CORSICAE. VIBRIVS PVNICVS ET AVIO.

Au mur de l'Eglise de Tresserve. (cette inscription est inédite).

D. M.
POMPEIAE. MATRI.
FILI. S.
PIO I.
IV
FECI.

On a trouvé à Aime (Forum Claudii) une inscription en vers *iambes* fort jolie et mal ortographiée par Guichenon : je cède au plaisir de la citer. C'est un vœu adressé par le proconsul Pomponius au dieu des forêts, auquel il offre mille grands arbres , pour obtenir l'heureux retour de sa famille à Rome.

Sylvane , sacrâ semicluse fraxino ,
Et hujus alti summe custos hortuli ,
Tibi has-ce grates dedicamus musicas :
Quod nos per arva , perque montes alpicos ,
Tuique luci suaveolentis hospites ,
Dum jus guberno remque fungor Cæsarum ,
Tuo favore properanti sospitas.

Tu me meosque reduces Romam sistito,
Daque itala rura te colamus præside
Ego jam dicabo mille magnas arbores.

T. POMPONII VICTORIS. PROC. AUGUSTO T.

Plan et coupe des souterrains dits de S.-Paul.

Fig. I. Perspective de l'entrée de la grotte des serpens *a* et de celle des Puits d'Enfer *b*.

Fig. 2. Plan général des souterrains lors des eaux basses.

c. c. c. Ligne indiquant la séparation du Souterrain connu depuis long-temps d'avec celui découvert le 4 janvier 1835.

d. Orifice par où arrivent les eaux de soufre dans les Souterrains.

e. Grand canal d'écoulement des eaux.

f. f. f. Autres issues d'écoulement, dans les eaux moyennes. Tout près de là se trouve l'eau d'*alun*.

g. Ilot Favrin.

h. Partie inférieure des Puits d'Enfer.

i. Issue supérieure de la Grotte des Serpens.

l. l. l. l. Tracé indiquant la place de la rue au-dessus des Souterrains.

Fig. 3. Coupe longitudinale des Souterrains, prise sur la ligne *m. m.* du Plan.

n. n. Ligne qui indique le niveau des grandes eaux.

o. o. Ligne qui indique les eaux moyennes.

p. p. Niveau des eaux basses.

r. r. Flèches indiquant le courant d'air dans la Grotte des Serpens.

s. s. Flèches indiquant le courant d'air qui s'établit dans le Puits d'Enfer, quand on en ôte la pierre de regard, dans les grandes eaux et dans les eaux moyennes.

s. r. Courant d'air qui a lieu lors des eaux basses.

Fig. 4. Coupe des Souterrains sur la ligne *t. t.* du plan.

v. Ilot Favrin.

NOTA.

Profitant des travaux d'art exécutés récemment dans ces souterrains, nous avons cru y reconnaître, mon père et moi, que les trois sources de *Soufre,* d'*Alun* et *Fleury* y ont un débouché commun. La source Fleury paraît être le *trop-plein* des sources de soufre et d'alun qui n'y refluent qu'après avoir fourni, au dehors, à leurs orifices respectifs. Le mélange de l'eau de Soufre avec les deux autres n'a lieu que par *l'élévation* accidentelle de leur niveau par les pluies et la fonte des neiges; ce qui explique comment M. Guibour de Paris a pu trouver de petites quantités de Soufre dans l'eau d'Alun où M. Bonjean affirme ne pas en avoir découvert, et comment aussi la source Fleury peut momentanément acquérir les propriétés de l'eau soufrée. Ce qu'il y a de certain c'est qu'il existe dans ces souterrains deux sources distinctes et qui ont la plus grande analogie avec les eaux de Soufre et d'Alun de l'Etablissement, ce dont nous nous sommes assurés au moyen de l'acétate de plomb et du tartrate antimonié de potasse et de la teinture d'iode employée d'après le procédé de M. Pasquier.

DOUCHES DES PRINCES.

Ces douches offrent des appareils spéciaux qui ne se rencontrent pas dans les autres parties de l'Etablissement, j'ai cru devoir en représenter l'ensemble.

Au N° 1 on administre la douche à forte pression, nommée la *Pompe* ou *Grande-Chûte*.

Au N° 2 est une douche ascendante, dirigée dans l'oreille, à l'aide d'un appareil particulier.

Au N° 3 est représentée la douche écossaise ou bain de pluie.

APPAREILS USITÉS DANS L'ÉTABLISSEMENT THERMAL D'AIX.

1 Douche à forte pression, dite la *Pompe*, administrée dans la Division des Princes.

2 Ajutage à robinet pour les douches locales à forte pression.

3 Pomme d'arrosoir qui remplace à volonté le bout appelé *Piston* du N° 1.

4 Pomme double pour réunir l'eau des deux robinets d'eau de Soufre, dans les cabinets de douche de l'ancien Bâtiment.

5 Tambour destiné à tempérer les eaux pour les douches mitigées.

6 Tuyau, appelé *Cornet*, dont se servent les Doucheurs et les Doucheuses pour la douche ordinaire.

7 Système d'ajutage fort commode pour les douches locales. Au moyen de ses trois coudes mobiles l'un sur l'autre, on peut lui imprimer toutes les directions désirables.

8 Douche ascendante du Bouillon des Princes, avec

ses ajutages N°s 9, 10, 11 et 12, destinés aux douches pour les oreilles, la gorge, la langue, le nez, les yeux, etc.

13 Appareil pour la douche d'Alun à forte pression, employé dans les Thermes-Albertins ; il est terminé par une pomme d'arrosoir ovale, et s'applique aux mains, aux genoux et aux pieds.

14 Cette figure représente le même appareil coudé et son jet parabolique ; pouvant être dirigé sur l'épine dorsale, les reins, le sacrum, etc.

15 Douche Ecossaise.

16 Casque de fer blanc, servant à garantir la tête, destiné aux personnes à qui la pluie d'eau froide, cause une sensation pénible. On y substitue quelquefois un cône de toile cirée.

17 Raquette en fer blanc, ouverte dans son milieu pour pouvoir donner la douche sur un point déterminé.

18 Raquette ovale.

19 La même, échancrée à sa partie moyenne.

20 Raquette carrée.

21 Raquette à deux mains pour se garantir la tête des éclaboussures de la douche; elle est en bois mince et léger, ainsi que les trois précédentes.

22 Ecran employé dans les douches à forte pression pour éviter au Doucheur d'être fatigué par le rejaillissement des eaux.

23 Brosse double dont on se sert pour exercer des frictions et activer l'action de la douche.

24 Plan incliné, destiné aux malades qui ne peuvent pas se tenir sur les chaises ou tabourets ordinaires.

25 Appareil pour la douche locale à forte pression. Le malade y est représenté prenant une douche à

la main droite. Des ouvertures convenables, pratiquées sur les autres faces de l'appareil, permettent de s'en servir pour les douches locales des extrémités tant supérieures qu'inférieures.

26 Chaise ou escabeau ordinaire des douches.

27 Le même avec un appareil destiné à soutenir le bras dans l'administration de la douche.

28 Litière à jour pour transporter les malades du lit à la douche, y recevoir cette dernière et être reportés chez eux, sans déplacement, employée dans certain cas de paralysie, de coxalgie et autres dans lesquels le malade ne peut supporter le moindre mouvement.

29 Appareil portatif pour les douches ascendantes de toute espèce.

30 Ajutage, appelé *Piston*, pouvant s'adapter à l'appareil susdit.

31 Douche pour les petits enfans, mitigée par le bain dont l'eau se renouvelle sans cesse.

32 Bain de siége ou de fauteuil auquel est adaptée une colonne de pression qu'on peut mitiger au besoin.

33 *Bidet* portatif pour les douches ascendantes d'injection ou d'arrosement.

34 Appareil pour les douches de vapeur aux thermes Berthollet. Le malade y est représenté recevant la douche à l'extrémité supérieure droite.

35 Autre appareil pour les douches de vapeurs dont les ajutages sont plus petits et mobiles, afin qu'on puisse plus facilement diriger la vapeur.

36 Casque destiné à diriger la vapeur sur la partie postérieure du cou et de la tête.

37 Tuyau coudé, servant de point de réunion entre le casque, n° 36, et l'appareil, n° 35.

38 Appareil en bois servant aux étuves par encaissement.

39 *Panier* en osier pour chauffer les linges.

40 Appareil en tôle pour administrer les bains de vapeurs aux jambes et aux pieds.

41 Ceinture de sauvetage, employée dans la piscine, par ceux qui ne savent pas nager.

42 Fauteuil soutenu par des globes de zinc remplis d'air, pour que le malade puisse voguer à volonté dans la piscine.

43 Fauteuil pour donner la douche aux paralytiques. Il sert encore à leur faire prendre des bains de piscine ou à grande Eau.

44 Chaise à porteurs horizontale, dite le *Brancard*, servant aux malades qui ne peuvent pas commodément rester assis dans les chaises à porteurs ordinaires.

45 Chaise à porteurs ordinaire, garnie de ses draperies et autres accessoires, représentée au moment où elle sort de l'Etablissement avec son malade.

PLAN DES BAINS D'AIX.

A Cour centrale de l'Etablissement dans laquelle ont été provisoirement établis six cabinets de bains domestiques.

BB Corridor demi-circulaire conduisant aux douches de la Division centrale. Les trois cabinets qui sont à droite servent à doucher les femmes. Les trois qui sont à gauche sont destinés aux hommes.

C Division d'Enfer. Cette Division étant souterraine, un plan détaché en indique la distribution.

D Division des Princes.

E Thermes-Albertins, grille d'entrée, cour et portique.

F Thermes-Berthollet.

G Partie inférieure de cette dernière Division, appelée communément le *Bain Royal* ou le *Grand Bassin des eaux d'Alun.*

H Restes du Vaporarium Romain, situé sous la maison Perrier-Chabert.

I Maison hospitalière pour les pauvres étrangers dans laquelle existent des bains spécialement réservés aux malades de cet Hospice.

INDICATIONS PARTICULIÈRES.

A 1 Entrée principale et péristile du Grand Bâtiment.

2 Salle d'attente de la Division centrale, Quartier des hommes.

3 Cabinet d'étude et de consultation du Médecin-Directeur des Eaux.

4 Salle d'attente de la Division centrale, Quartier des dames.

5 Sallon d'attente pour les personnes de distinction.

6 Latrines.

7 Fontaines d'Alun et de Soufre consacrées à la boisson des eaux.

8 Fontaine extérieure et publique d'eau de Soufre.

9 Fontaine extérieure et publique, projetée pour les eaux d'Alun.

BB 10 Premier cabinet des hommes dans la Division du centre, avec une guérite à vapeurs.

11 Second cabinet des hommes servant d'entrée au Bouillon, et dans lequel existe une guérite à vapeurs.

12 *Bouillon des hommes* servant aux bains généraux de vapeurs et au bain chaud d'immersion.

13 Fontaine de Soufre servant de réservoir pour alimenter les cabinets de bain.

14 La grotte où se trouvent la source d'eau de Soufre et sa grande cuve de distribution.

15 Douche locale située dans le grand corridor **BB**.

16 Bouillon du Quartier des femmes servant aux vapeurs générales et au bain chaud d'immersion.

17 Cabinet de douches pour les femmes, (n° 2).

18 Cabinet de douches pour les femmes, (n° 1).

C 19 Cuve de distribution pour tous les cabinets de la Division d'Enfer, la fontaine extérieure, etc.

20 Douche neuve de la Division d'Enfer.

21 Rampe qui conduit à l'étage inférieur.

22 Douche appelée la *Verticale*.

23 Cabinet servant à la fois de douche et d'étuve, appelée communément le *Bain Russe*.

24 Autre cabinet de douche servant aussi à l'étuve.

25 Douche locale, dite *Douche sous l'Escalier*.

26 Escalier conduisant à la rue.

D 27 Fontaine d'eau froide.

28 Cabinet des Princes, n° 1, où se trouve la grande Chute d'eau appelée vulgairement la *Pompe*.

29 Cabinet, n° 2, principalement destiné aux enfans.

30 Cabinet, n° 3, appelé la *Douche des Dames*.

31 Armoires servant de magasin pour les appareils employés dans les douches de la Division des Princes.

32 Réservoir d'eau de Soufre alimentant la même Division et une partie de celle du centre.

E 33 Cabinet de douche des Thermes-Albertins, appelé la *Grande-Locale*, alimenté par les eaux d'Alun seulement.

34 Passage du Vaporarium et de la Piscine.

35 Escalier de la terrasse.

36 Vestiaire servant de magasin au Sécheur et à la Sécheuse du Vaporarium et de la Piscine.

37 Passage servant aussi de vestiaire pour les baigneurs de la Piscine.

38 Grand corridor pour le service des Thermes-Albertins.

39 Douche ascendante.

40 Cabinet de douche des Thermes-Albertins pouvant servir, au besoin, de bain tempéré à grande eau.

41 Cabinet de la même espèce, avec un réservoir de boues minérales.

42 Piscine ou pièce à natation.

43 Piscine des dames.

44 Vestiaire de la Piscine.

45 *Vaporarium* ou la *Rotonde*. Les cinq petits cabinets au midi, et celui du centre au nord, sont destinés aux vapeurs. Vers chacune des portes d'entrée et au nord sont des cabinets doubles servant à prendre les bains de vapeur, comme dans les autres cabinets dont on vient de parler, mais où l'on peut aussi recevoir à volonté un arrosement général ou partiel avec l'eau d'Alun.

46 Pièce d'attente pour les malades.

47 Rampe conduisant au jardin et aux grands réservoirs.

48 Réservoir d'eau d'Alun pure, destinée à alimenter les Thermes-Albertins.

49 Réservoir d'eau tempérée destinée à la Piscine.

50 Galerie qui conduit sous les grands réservoirs et aux robinets servant à la distribution de leurs eaux.

F 51 Cabinet appelé la *Voûte*, destiné aux bains d'immersion et de vapeurs pour l'hôpital et les militaires.

52 Autre pièce voûtée servant de ventilateur pour alimenter les douches de vapeurs situées au-dessus.

53 Escalier conduisant au cabinet réservé aux douches de vapeurs.

54 Ancienne galerie souterraine par où l'on arrive à la source d'eau d'Alun et au souterrain appelé *Cul-de-Lampe*.

55 Nouvelle galerie par où passent les aqueducs d'eau d'Alun qui alimentent le grand Etablissement.

G 56 Fontaine publique froide.

57 Fontaine publique des eaux d'Alun.

58 Douche et Piscine des femmes.

59 Douche et Piscine des hommes.

60 Douche des chevaux.

61 Bain des chevaux.

62 Pont de bois servant à conduire les chevaux à la douche.

H 63 Bain Romain, dit le *Bain de César*.

65 Autres bains antiques faisant partie du *Vaporarium Romain*.

65 Cour de l'hôtel Perrier-Chabert dans le sol de laquelle existent enfouis plusieurs bains Romains faisant suite au *Vaporarium*.

APPENDICE.

PRÉCIS STATISTIQUE ET HISTORIQUE SUR LA SAVOIE.

Bien que la notice suivante puisse paraître hors de mon sujet, j'ai voulu, en l'insérant dans ce Manuel, répondre au désir des étrangers qui pendant leur séjour à Aix s'occupent de recherches sur notre pays. Pour lui donner plus d'intérêt je commencerai par un aperçu général sur les Etats Sardes.

GÉNÉRALITÉS.

Le royaume de Sardaigne se compose du duché de Savoie (564,237 habitans); du Piémont (2,577,682 h.); du duché de Gênes (674,988 h.); du duché d'Aoste (78,110 h.); du comté de Nice (230,718 h.); de l'île de Sardaigne (524,633 h.) *

La population totale des Etats est de 4,650,368 h. Ce qui est un peu plus que dans les royaumes de Belgique, de Bavière, de Portugal, de Suède et Norvège, et beau-

* *Voy.* Informazioni statistiche, etc. Torino 1839.

coup plus que dans ceux de Hollande, de Vurtemberg, de Hanovre, de Saxe, de Danemark.

La surface du pays, non comprise l'île de Sardaigne, est de 51,402,85 kilomètres carrés et la densité générale de la population de 80,26 individus par kilomètre carré, tandis qu'en France cette densité est de 61,10; aussi peut-on considérer le royaume de Sardaigne comme très-peuplé.

Depuis 1724, époque avant laquelle manquent tous renseignemens, la population générale s'est accrue jusqu'à 1790. Mais en 1804 on l'a trouvée en Savoie et en Piémont sensiblement diminuée comme dans les autres pays de l'Europe, qui prirent une part active aux guerres de cette époque. Une seule exception existe pour la Maurienne : on l'attribue aux nouvelles communications établies à travers cette province entre la France et l'Italie.

On compte, terme moyen, pour la population totale du royaume 4,86 individus par famille et 1,41 familles ou 6,83 individus par maison.

Loi générale : les individus du sexe masculin l'emportent en nombre sur ceux de l'autre sexe, contrairement à ce qu'on observe dans les autres états de l'Europe. La Savoie forme exception à cette règle. (La même anomalie existe aussi dans le canton de Genève.)

L'on sait en général que partout au-dessus de 50 ans l'excédent des femmes sur les hommes devient très-sensible, le contraire a cependant lieu dans les états Sardes. On trouve aussi au-dessous de 40 ans un peu plus d'habitans qu'en France, et au-dessus de cet âge un peu plus en France qu'en Sardaigne.

Si l'on compare nos tables de population avec celles

que donnent pour la France l'annuaire du bureau des longitudes et pour la Belgique l'annuaire de Bruxelles, on trouve qu'il y a dans ces deux derniers pays moins d'enfans en bas âge; mais plus d'adultes et surtout de vieillards que dans les états continentaux du royaume de Sardaigne.

La population totale de cette partie du pays était :

en	1819	de	3,419,100	individus.
—	1824	—	3,674,707	—
—	1830	—	3,972,490	—
—	1838	—	4,125,735	—

Ce qui donne un accroissement général de près de 21 pour cent et ferait doubler la population dans un peu moins d'un siècle. *

D'après la religion, la population se divise en :

4,097,576	catholiques	ou	9932	sur 10,000
6,798	juifs	—	16	—
21,360	protestans	—	52	—

Les protestans sont au nombre de 20,141 sur 58,171 individus dans la seule province de Pignerol. Ils appartiennent à l'ancienne secte des Vaudois. Les Juifs habitent principalement les villes de Turin, Alexandrie, Acqui, Casal, Verceil, Nice.

* D'aprés Moreau-de-Jones la population doublerait, comme il suit :

Prusse, en 39 ans.
Angleterre, en 47.
Russie, en 48.
Suisse, en 56.
Espagne, en 62.
Italie, en 68.
Confédération germanique, en 120.
France. en 125.

Il existe dans les Etats *de Terre-ferme* 2,713 communes. Celles de plus de 5,000 ames ont ensemble 1,107,141 habitans. Ce nombre est à celui de la population totale comme 1 est à 4.

En examinant la manière dont la population est distribuée dans les différentes provinces on arrive à cette loi générale que la population est moins nombreuse dans les provinces où elle vit plus agglomérée. Une seule exception existe pour les contrées les plus montagneuses et pour les côtes maritimes.

Le nombre des célibataires des deux sexes est à celui de la population totale comme 1 est à 2,087. Le nombre des hommes mariés dépasse aussi un peu celui des femmes mariées ainsi qu'on l'observe en Belgique, d'après Quetelet; le contraire a lieu en France. (Annales d'Hygiène, p. 34.)

Le nombre des veuves est plus du double que celui des veufs et triple dans les villes de Turin et de Gênes.

Les Etats de Terre-Ferme forment neuf Divisions militaires. Dans chacune de ces Divisions, sauf à Aoste, il y a un gouverneur qui a la haute police et un intendant-général chargé de l'administration civile. Ces gouvernemens sont divisés en Provinces à la tête desquelles est un commandant.

Des tribunaux suprêmes sous le titre de Sénats sont établis à Turin, Chambéri, Gênes, Casal, Nice, Cagliari et une Chambre des Comptes à Turin qui a juridiction sur tout l'Etat.

Le gouvernement est une monarchie avec un conseil d'état et des sénats pour la confection des lois. De même qu'en France la loi salique est la loi fondamentale de la maison de Savoie.

f

L'instruction publique est dirigée par un président-chef qui a sous sa dépendance l'Université de Turin et celle de Gênes. l'Université de Turin a à sa tête le Magistrat de la Réforme de qui dépend le Conseil de Réforme des études de Chambéri. Il y a, en outre, un réformateur ou chef des études dans chaque province et un préfet dans chaque collége.

Etat de la dette publique.

Dette perpétuelle 5 pour cent , rente	2,400,000
» rachetable » (1819)	1,700,000
» » » (1831)	1,100,000
	5,200,000
Obligations (1834) capital : 25,500,000, coûtant annuellement , y comprises les primes :	1,275,000
Total :	6,475,111
Qui à quatre et demi pour cent font Francs :	143,888,888

Le revenu de l'Etat est de 84 millions, auxquels chacun des sujets contribue pour 15 francs annuellement. Près de la moitié est employée à l'entretien de l'armée.

Le chiffre de l'armée est de 46,857 en temps de paix, et de 83,476 en temps de guerre. Les forces maritimes se composent de 12 bâtimens, non compris les bateaux à vapeur et les navires de petites dimensions, dont le nombre est variable.

DE LA SAVOIE EN PARTICULIER.

Division, étendue, population.

La Savoie forme sept provinces subdivisées en 51 mandemens et 629 communes.

Son sol, formé par les chaines transversales qui se détachent des Alpes, est sillonné par des vallées plus ou moins profondes dont les eaux aboutissent au bassin du Rhône. A l'ouest et au sud sont quelques plaines fertiles.

Le Mont-Blanc et d'autres pics élevés sont couverts d'une neige qui se renouvelle sans cesse.

Un septième environ de sa surface est occupé par des forêts, et un sixième par des rochers, des glaciers et des rivières.

Sa superficie totale, y compris les lacs d'Anneci, du Bourget et d'Aiguebellette, est de 1,086,724 hectares.

La province de Savoie propre est la plus peuplée et renferme 92 habitans par kilomètre carré, tandis que les autres provinces en renferment de 24 à 64 pour le même espace.

L'augmentation de la population, plus grande dans les provinces de la Savoie que dans le reste des Etats situés au-delà des monts, est un fait digne de remarque. La population de la Savoie était en 1783 de 422,166; en 1838 elle a atteint le chiffre de 564,137. Ce qui donne une augmentation de 142,000 ou 0,42 de la population, environ 2,545 par an.

AGE	SEXE	SAVOIE PROPRE	HAUTE SAVOIE	CHABLAIS	FAUCIGNY	GENEVOIS	MAURIENNE	TARANTAISE
au-dessous de 5 ans	masculin	9380	2663	3123	5737	5646	8586	2435
	féminin	8988	2656	3083	5762	5769	3711	2411
de 5 à 10	masculin	9270	2869	3023	5679	5567	3268	2620
	féminin	9294	2667	3050	5769	5640	3548	2726
de 10 à 20	masculin	16615	5182	5939	10472	10799	5935	4616
	féminin	15809	5138	5708	10542	10567	6182	4778
de 20 à 30	masculin	11373	3826	4380	8076	7883	5048	3755
	féminin	12011	4445	4710	8685	8100	5581	4100
de 30 à 40	masculin	9602	3095	3838	6933	6701	4289	2881
	féminin	9932	3690	3731	7578	6800	4704	3331
de 40 à 50	masculin	7493	2363	2749	5114	5081	3199	2303
	féminin	7970	3158	3099	6033	5463	3742	2779
de 50 à 60	masculin	5365	1847	2300	3697	3777	2549	1927
	féminin	5807	2246	2356	4166	4250	2695	2216
de 60 à 70	masculin	3294	1240	1325	2503	3422	1457	1167
	féminin	3406	1445	1228	2592	2708	1450	1288
de 70 à 80	masculin	1337	491	485	1084	1155	615	575
	féminin	1244	511	380	897	1186	538	503
de 80 à 90	masculin	344	117	110	249	240	87	117
	féminin	287	98	62	185	228	56	104
de 90 à 100	masculin	18	5	4	21	8	4	11
	féminin	23	6	3	13	15	»	4
au-dessus de 100	masculin	1	»	»	1	»	»	»
	féminin	1	»	»	4	»	»	1
TOTAL :		148864	49758	54686	101792	100005	62344	45688

Etat civil.

Un gouverneur, commandant-général du duché; un intendant-général, tous deux résidant à Chambéri; un intendant à Anneci; des Vice-intendans à S.-Jean-de-Maurienne, Moûtiers, Bonneville, Thonon, Albert-Ville et S.-Julien.

Etat judiciaire.

Un sénat de dix-neuf membres siégeant à Chambéri. Huit tribunaux de judicature-mage, à Chambéri, Anneci, S.-Jean, Moûtiers, Thonon, Bonneville, Conflans et S.-Julien; cinquante-un tribunaux de mandement.

Les causes ecclésiastiques, sous les exceptions portées par nos lois et usages, sont jugées dans chaque diocèse par un prêtre ayant le titre d'*official :* on peut appeler de ses sentences à l'*official métropolitain* et en matière d'abus au Sénat.

Etat ecclésiastique.

Une partie du diocèse de Chambéri était autrefois comprise dans celui de Grenoble qui étendait sa juridiction dans cette province, et la faisaitexercer par un décanat supérieur des chanoines-réguliers de S. Augustin, qui demeuraient en Savoie, dans la ville de S.-André, * d'où il fut transporté à Grenoble lors de la catastrophe qui bouleversa cette ville en 1248.

* La ville de Saint-André (population 2,000 h.) fut engloutie dans la nuit du 24 novembre 1248 par la chute d'une partie du

L'Eglise de Chambéri fut démembrée de celle de Grenoble par bulle de Pie VII, du 18 août 1779. Il y fut établi un évêché qui avec ceux de Tarentaise, d'Anneci et de Maurienne porta leur nombre à quatre pour toute la Savoie. Ayant été supprimés à l'époque de la révolution française, ce ne fut qu'au rétablissement du culte qu'il en fut nommé un à Chambéri pour tout le duché.

En 1817, l'évêché de Chambéri fut érigé en métropole ayant pour suffragans les évêques d'Anneci, de Tarentaise et de Maurienne qui furent réinstallés.

Etablissemens religieux.

Avant 1792 on comptait en Savoie soixante-treize communautés religieuses des deux sexes. Le seul diocèse d'Anneci où l'on n'en rencontre maintenant que quatre possédait vingt-un couvens d'hommes et quinze de filles. Le plus ancien de ces monastères était l'*abbaye de Talloires* fondée en 879 par la reine Ermengarde.

Voici les établissemens religieux qui existent aujourd'hui en Savoie :

Les Jésuites, à Chambéri et à Mélan.

Les Religieux de Citeaux, à Hautecombe.

Les Capucins, à Chambéri, Yenne et la Roche.

Congrégation de Prêtres, sous le titre d'Institut de Charité, établie à Tamié, d'après l'autorisation de S. M. du 22 juillet 1836.

Maison des Missionnaires à Anneci.

Mont-Grenier qui s'abyma dans la plaine. Cette localité, à trois lieues de Chambéri, est désignée aujourd'hui sous le nom d'*Abymes de Myan*.

Les Religieuses Visitandines, à Chambéri, à Anneci et à Thonon.

Les Religieuses de la Présentation, à S.-Julien, à Mieussy.

Les Carmélites, à Chambéri.

Les Religieuses du Sacré Cœur, à Chambéri.

Les Religieuses Augustines, au Pont-Beauvoisin.

Les Frères des Ecoles chrétiennes, à Chambéri, Aix, Anneci, Thonon, Evian, Taninges, Sallanches, Rumilly, Faverges, S.-Paul, Motte-Servolex, S.-Jean-de-Maurienne.

Les Sœurs de S.-Joseph, à Chambéri, Aix, Anneci, Frangy, Evian, S.-Jean-de-Maurienne, Moûtiers, Bozel, Saint-Sigismond, Collonges, Montmélian, la Bauche, la Motte-Servolex, S.-Genix, Yenne, S.-Julien, Aime, S.-Pierre-d'Albigny, Thônes, Sallanches et S.-Innocent.

Les Sœurs de la Charité, sous la protection de S.-Vincent-de-Paul, à Chambéri, S.-Paul, Thonon, Boëge, au Beton, à Taninges, Bonneville, la Roche, la Chapelle-d'Abondance, Anneci, Faverges, Doussard, Cruseilles, Reignier, Arenthon.

Instruction, Sociétés savantes, etc.

Société royale académique de Savoie siégeant à Chambéri, formée en 1819, dotée par le roi Charles-Félix et le comte de Boigne. L'histoire, les sciences mathématiques et naturelles sont l'objet de ses travaux. Elle décerne un prix de 400 fr., fondé par M. Guy, pour la peinture, et de 1,000 à 2,000 fr. pour les meilleurs mémoires écrits qu'on lui adresse conformément au programme qui se publie annuellement dans le journal de Savoie.

Chambéri possède en outre une Chambre d'agriculture et de commerce, une Ecole secondaire de droit et de médecine, de dessin linéaire et de géométrie pour les gens du peuple. Une école secondaire d'Institutes civiles est placée à Anneci.

La Junte d'antiquité et des beaux-arts, établie à Turin en 1832, a des correspondans en Savoie, et propose tous les moyens propres à encourager dans les Etats la recherche et la conservation des monumens, des restes d'antiquité et des beaux arts. Il a été formé aussi, depuis 1836, des Juntes provinciales de statistique qui transmettent leurs documens à la Commission supérieure de Turin, présidée par S. E. le ministre de l'Intérieur.

Caisses d'épargnes et de prévoyance.

La Caisse d'épargnes de Chambéri a été fondée en 1838 et a déjà rendu d'importans services à la classe ouvrière. L'assemblée générale des fondateurs a porté de 300 à 1,500 fr. la limite du crédit total de chaque déposant.

Une autre Caisse d'épargnes, établie d'après les mêmes bases, a été fondée à Anneci pendant l'année qui vient de s'écouler.

La Caisse d'épargnes de Chambéri réunissait au 31 décembre mil huit cent quarante 181,700 fr., dont 124,800 appartenant à des domestiques et 56,900 à des ouvriers. Comme partout ailleurs, ce sont les femmes qui font les dépôts les plus nombreux et les plus fréquens.

Sociétés d'Assurance contre l'incendie.

Il n'y a dans les Etats que deux sociétés d'assurance autorisées par le roi. L'une, appelée *Société royale d'Assurance mutuelle*, déjà ancienne; l'autre, dite *Compagnie d'Assurance à prime contre l'incendie*, autorisée par Lettres-patentes du 5 janvier 1833.

La Société royale réunissait, au 31 décembre mil huit cent quarante, 7,032 assurés représentant un capital de 75 millions.

Institutions pieuses et Maisons de charité.

Chambéri possède un conseil-général de charité établi par Lettres-patentes des 13 juin et 21 novembre 1823. De ce conseil-général dépendent tous les bureaux de charité établis dans les communes du duché. Outre les hôpitaux des chefs-lieux de province, il existe un grand nombre de fondations particulières à Chambéri, Anneci, Moûtiers, etc., destinées à soulager les incurables, élever les orphelins, donner un état à la jeunesse pauvre ou doter des filles du peuple qui se distinguent par leur sagesse.

A Chambéri deux établissemens fondés par le général de Boigne méritent d'être cités : ce sont l'*Hospice de S. Benoît* et le *Dépôt de mendicité*.

L'hospice de S. Benoit renferme quarante vieillards des deux sexes, outre les employés nécessaires au service de la maison. Les intentions du fondateur sont que l'on n'y admette que les personnes âgées de soixante ans qui, ayant appartenu à une classe bien née et aisée de la société, seraient mises, par le malheur, dans le cas d'avoir recours à cet asile.

Le dépôt de mendicité, créé pour cent pauvres, a été ouvert à Chambéri le 1er mai 1830. Dès lors il a été défendu de mendier à Chambéri. La même prohibition est en vigueur à Aix, pendant la saison des Eaux, depuis l'année 1816.

Mines.

Mines de *houille* à Entreverne, à Féterne, au Grand et au Petit-Bornand, à Arache, Taninge, Montmin, Héry-sur-Ugine, etc. *Fer*, dans la vallée de Sixt, au Mont-du-Chat, au Crest-du-Maure, près d'Anneci, à Arvillard, Presle, S.-Jorioz, Tamié. *Plomb argentifère*, à Macot, Pesey, Samoëns, Servoz, aux Huiles, à Presle, à Bonvillard, à S.-Paul et aux Gietz. *Plomb*, à Thônes. *Cuivre*, à Servoz et à Presle. On trouve dans la vallée de Chamonix, du fer, du plomb, de l'argent, de la plombagine, des pyrites aurifères, du nikel, du titane, de l'asbeste, des topazes, des cristaux et du porphyre. On trouve du jaspe près de S.-Gervais, du marbre à Villette, Saint-Jeoire, S.-Sulpice, Vimines, Bessans. Les provinces de Tarentaise et de Maurienne sont plus riches en minéraux que les autres parties de la Savoie. Elles renferment de l'antimoine, du cobalt, de la baryte, du manganèse, de la houille, du sel gemme au Bourg-S.-Maurice, du soufre à Pesey, de l'amiante à Ste.-Foi, au petit S.-Bernard, et des ardoises très-estimées à Sevin.

EAUX MINÉRALES.

On compte en Savoie près de quarante sources d'eaux minérales dont neuf seulement sont thermales.

Sources minérales chaudes.

Aix-les-Bains (température de 40 à 45 degrés cent., 3 à 4 mille étrangers par an). — *Saint-Gervais*, en Faucigny, source saline gazeuse (chaleur, 27 degrés cent. 400 baigneurs). — *La-Perrière* ou *Brides*, eau saline magnésienne (chaleur, 28 à 30 degrés cent. 300 baigneurs). — *Salins* près Moûtiers, contenant de l'iode, du brôme et beaucoup de muriate de soude (chaleur de 30 à 38 degrés cent. 100 baigneurs annuellement). — *Echaillon* en Maurienne, eau sulfureuse saline (chaleur, 40 degrés cent. 100 baigneurs). — *Bonneval* en Tarentaise, eau acidule thermale, peu fréquentée (chaleur, 45 degrés cent). — *Petit-Bornand*, dans la province du Genevois, eau sulfureuse peu utilisée (chaleur, 24 degrés cent). — *La Caille*, près Cruseilles, eau sulfureuse, fréquentée par les gens du pays (chaleur, 30 degrés cent). — *Menthon*, eau sulfureuse, de nos jours, presque tombée dans l'oubli, mais fréquentée au temps des Romains, ainsi que le prouvent les restes d'anciens thermes (chaleur, 16 degrés cent.).

Sources minérales froides.

Aix, eau sulfureuse et bitumineuse, dite *Chevillard*; source ferrugineuse crénatée gazeuse de *S.-Simon*. — *La Boisse*, près de Chambéri, source martiale. — *Amphion*, eau ferrugineuse qui doit en grande partie sa réputation à l'ancienne prédilection des princes de Savoie. — Eau de *Futeney*, légèrement ferrugineuse. — de *Féterne*, acidule froide. — Eau de *Bromine*, (commune de Silingi) sulfureuse tiède. — de *Bois-Plan*, près Chambéri, acidule martiale. — de *Plan-Champ*, (commune de Thusy) *id.* — d'*Etrambières*, sulfureuse froide. — A *Marclaz*, à *Arache*, à *Mathoney*, au *Mont-Cenis*, à la *Ferranche*, près Château-Neuf, sources ferrugineuses; à *Challes*, eau sulfureuse purgative.

Industrie manufacturière.

Fabriques de coton, gros drap et lainage à Chambéri, Cognin, Villaret, Modane, Seez, Anneci; filatures à Anneci, Chambéri, Thonon, S.-Jean-de-Maurienne et Contamine; fabriques de soieries à Faverges, Chambéri, Thonon et Aiguebelle; fabrique de dentelles à Megève; tanneries très-répandues, celles d'Anneci et d'Anemasse ont surtout de la réputation; papeteries à Albert-Ville, Cran, Faverges, Bramans, Bonneville, S.-Gingolph, Laisse et Bordeau près d'Aix; brasseries à Chambéri, Anneci, Bonneville, Rumilly; fabrication de liqueurs aux Echelles, de kirschwasser, dans le Chablais et les montagnes du Faucigny. Fonderies royales pour le plomb et la granulation à Conflans. Fonderies pour le cuivre à Faverges, Randans, S.-Jeoire; fabriques d'horlogerie et de pièces mécaniques à Cluses; salines royales et bâtimens de graduation à Moûtiers; verreries à Thorens, Alex, au port de Puer; coutellerie à Anneci et Faverges; forges pour l'acier à S.-Pierre d'Albigny; enfin, dans une quarantaine d'endroits, il y a des hauts fourneaux, pour la fonte, des forges, des martinets et autres établissemens pour la fabrication du fer: les principaux sont à Cran, Giez près Faverges, Servoz, Tamié, Randans, Sixt, les Bauges. A La Mothe, près de Chambéri, M. Pactod, par un procédé chimique qui lui est propre, opère avantageusement, à froid, la réduction du minerai au moyen de la précipitation.

Les principaux objets d'exportation pour la Savoie sont les fromages, la verrerie et les cristaux; la soie grège, les tissus de soie, les organsins, les draps, les velours, les bois et les peaux de chevreaux.

HOMMES REMARQUABLES.

Princes.

Pierre de Savoie, dit *le Petit Charlemagne*, naquit à Suse, l'an 1203, se distingua par sa valeur et son habileté. Il acquit dans le pays de Vaud les possessions des comtes de Kibourg, Payerne, Morat et Vevey. Ce fut entre ses mains, en 1250, que l'abbé et les religieux de S.-Maurice (en Valais) firent la donation de l'anneau de S.-Maurice qu'a toujours possédé dès-lors la maison de Savoie.

Amé V, comte de Savoie, que ses actions héroïques ont fait surnommer *le Grand*, naquit en 1249 au château du Bourget. C'est après avoir fait lever le siége de Rhodes, par la puissance de ses armes, qu'il plaça la croix blanche dans les armoiries de Savoie, y ajoutant les lettres initiales F. E. R. T., ou FORTITUDO EJUS RHODUM TENUIT.

Amé VI, surnommé *le Verd* à cause de la couleur de son armure, né à Chambéri en 1334. Son action la plus brillante est d'avoir replacé sur le trône de Constantinople l'empereur Jean Paléologue, après avoir remporté sur les Turcs une victoire complète. Il mourut en 1383 dans le royaume de Naples où il était allé porter du secours à Louis d'Anjou.

Amé VII se distingua surtout au siége d'Ypres où il accompagna le roi de France Charles VI, conduisant avec lui, selon l'expression de Froissard, *sept cents lances de purs Savoisiens.*

Amé VIII, créé duc par l'empereur Sigismond en 1416, se retira en 1434 à la Chartreuse de Ripaille où il fonda l'ordre militaire et religieux de S.-Maurice. C'est à lui qne l'on doit le premier recueil de lois savoisiennes appelé *vetera statuta.* Elu pape en 1840 par les pères du concile de Bâle, il résigna cette nouvelle dignité en 1449.

Emmanuel-Philibert, duc de Savoie, surnommé *Tête de Fer*, voyant son père (Charles III) dépouillé de ses Etats pour avoir voulu garder la neutralité dans les différens de François Ier avec l'Autriche, embrassa le parti de l'empereur, son oncle, qui lui donna le commandement de ses armées. Ayant remporté sur les troupes françaises la célèbre victoire de S.-Quentin, le 10 août 1557, il récupéra les possessions de ses ancêtres; créa le sénat de Savoie et de Piémont, construisit les citadelles de Turin et de Bourg. Ce fut le premier de sa maison qui établit une force armée permanente et qui fixa le siége du gouvernement au-delà des Alpes.

Ecclésiastiques.

Saint Bernard de Menthon, né au château de Menthon en 923, mort à Novare en 1008, fonda les hospices du Grand et du Petit S.-Bernard et dissipa dans les Alpes les restes de l'idolâtrie.

Gérard ou Gérald, né en Maurienne, évêque de Florence, fut élu pape le 28 décembre 1058, sous le nom de Nicolas II.

Pierre de Compagnon, natif de Moûtiers, succéda à S.-Thomas d'Acquin dans l'enseignement de la théologie, à Paris; il fut élu pape à Arezzo le 21 janvier 1276, sous le nom d'Innocent V.

Jean Fraczon ou *Alarmet*, cardinal de Brogny, Archevêque d'Arles et d'Ostie, naquit en 1342, présida le concile de Constance (l'an 1414), favorisa l'élection du pape Martin V, et parvint ainsi à éteindre le schisme qui divisait l'Eglise. De simple berger qu'il était dans son enfance il devint administrateur perpétuel de plus de quarante bénéfices dont il consacra les revenus au soutien du S. Siége et à d'utiles fondations pour sa patrie.

Saint François de Sales, né en 1567, évêque de Genève, fut un modèle de science, de douceur et d'ardente charité. Il institua et présida, de concert avec Antoine *Favre*, la gloire du bareau Savoisien, l'*Académie florimontane d'Anneci*. Cette société littéraire, la première qui ait été instituée en Savoie, distribuait des prix dans ses séances publiques, et avait pour but de propager le goût de la philosophie, des mathématiques, de la poésie et de l'éloquence.

Claude de Seyssel, né au château d'Aix en 1451,

fut conseiller d'Etat, maître des requêtes et ambassadeur de Louis XII à la diète de Trêves, à la cour de Londres et au concile de Latran; évêque de Marseille puis archevêque de Turin, où il mourut en 1520, se rendit recommandable par son éloquence et par une profonde connaissance des langues. Ce savoyard, dit le savant *Naudé*, fut le premier en France qui y fit connaître, par ses nombreuses traductions, les ouvrages des savans d'Athènes et de la Grèce.

Jacques Maistrat, docteur de Sorbonne, évêque de Damas, suffragant de l'archevêque de Lyon, fut doyen *de l'ancien chapitre d'Aix-les-Bains, sa patrie*, et mourut en 1615. Il se distingua dans les principales villes de France où il se fit admirer par son éloquence apostolique.

Gerdil, né à Samoëns en 1718, fut créé cardinal par Benoit XIV. Il était membre de l'Académie de la Crusca, de la Société royale de Londres, se distingua par sa science et son éminente piété. Il excellait dans la controverse et a publié de nombreux ouvrages en italien, en français et en latin. Jean-Jacques Rousseau ayant lu la réfutation qu'il fit de son *Emile* avoua que *c'était l'unique écrit publié contre lui qu'il eut trouvé digne d'être médité* (Grillet, p. 360).

Hommes d'Etat.

Philibert Sallier de la Tour, né à Chambéri en 1638.

Le Comte de Viry, chargé par la cour de Turin de plusieurs négociations importantes dans le siècle dernier.

L'avocat Despine (Jean-Baptiste), secrétaire d'Etat, signa, comme ministre plénipotentiaire, le 18 mars

1720, l'accession du roi Victor-Amé II, au traité de la quadruple alliance conclu à Londres le 2 août 1718. Il fut chargé de plusieurs missions importantes en Hollande, en Portugal et s'en acquitta avec le plus grand succès.

Le Baron Despine (Jean-Baptiste), secrétaire d'Etat en 1772, conseiller du roi en 1780, et son *Résident* près la République de Genève en 1782; mort à Anneci en 1794.

Roget de Cholex (le Comte), né à la Roche, mort en 1828, Ministre de l'Intérieur à Turin.

Le Baron Falquet d'Anneci, successeur de M. de Cholex au Ministère de l'Intérieur, mort en 1832.

Savans.

Guillaume Fichet, né au Petit-Bornand, enseigna pendant vingt ans la rhétorique et la philosophie dans l'université de Paris dont il fut nommé recteur en 1467, sous le règne de Louis XI. Il conçut un des premiers le dessein d'établir l'imprimerie à Paris, et contribua par la publication de ses écrits à répandre en France le goût des belles lettres.

Jean Cochet, écrivain, docteur de Sorbonne, recteur de l'université de Paris, professeur-émérite du collége Mazarin, ancien grand-maître du collége du cardinal Le-Moine, naquit à Faverges et mourut a Paris le 8 juillet 1771. Outre plusieurs écrits sur les mathématiques, la métaphysique et la physique expérimentale, cet auteur a publié un ouvrage intitulé la *Clef des sciences et des Beaux arts*, in-8, Paris 1750.

Vichard S.-Réal, savant voué à la botanique et à la minéralogie, né à S.-Jean-de-la-Porte.

C.-L. Bertholet (le Comte), membre du sénat conservateur, de l'Institut national, pair de France, l'un des chimistes les plus distingués de son époque, naquit le 9 décembre 1740 à Talloires, fit ses premières études au collége d'Anneci et fut reçu docteur en médecine à Turin. Accueilli à Paris par le célèbre médecin Genevois Tronchin il devint bientôt médecin du duc d'Orléans, puis collaborateur et l'ami de Monge, Fourcroy, Guyton-de-Morveau et Lavoisier, avec lesquels il réforma le langage de la chimie. Le premier il a découvert le moyen de conserver en mer l'eau pure et saine par la carbonisation. Ce fut à lui qu'on eut recours lorsque par suite du système continental il fallut demander au sol de France le salpêtre, la potasse et jusqu'aux matières colorantes. Il fut chargé de présider au choix des monumens d'Italie que Napoléon fit transporter à Paris, et suivit ce général dans son expédition d'Egypte. Deux fois il a ruiné sa fortune au service de la chimie, et a contribué par ses découvertes et ses nombreux écrits à enrichir des milliers de fabricans. Sa vie, pleine de travaux et de vertus, s'est terminée à l'âge de 74 ans, le 6 novembre 1822.

Besson, auteur de Mémoires sur la Savoie et Aoste, né à Flumet. (Les intéressans manuscrits de M. Besson forment partie de la bibliothèque de M. Boijeat de Chêne-Thonex.)

Albanis-Beaumont, né à Chambéri, ingénieur, naturaliste et géographe distingué; outre plusieurs mémoires écrits en anglais, on a de lui un ouvrage en 5 vol. in-4° sur les antiquités, la statistique et la topographie de l'ancien duché de Savoie.

Alexis Bouvard, astronome, directeur de l'observatoire de Paris, membre de l'Institut de France, né en

1757, à Contamines, dans le Haut-Faucigny. M. *Bouvard*, neveu du précédent, attaché depuis peu au même observatoire, s'est déjà distingué par plusieurs écrits.

Nicollet, ancien examinateur des élèves de la marine, astronome-adjoint au bureau des longitudes de France, né à Sallanche.

Hommes de lettres.

De Pingon, historien, né à Chambéri en 1525.

Claude Favre de Vaugelas, né à Chambéri en 1585.

Saint-Réal (l'abbé), de l'Académie française, né à Chambéri en 1639, dont Voltaire comparait le style à celui de Salluste.

Ducis, poète tragique, né à Haute-Luce, dans la vallée de Beaufort.

Michaud, auteur de l'*Histoire des Croisades*, etc.

Les Comtes Xavier et *Joseph de Maistre*, nés à Chambéri.

Claude-Marie Pillet de Chambéri, mathématicien, littérateur et géographe distingué, collaborateur de la Biographie universelle, mort à Paris le 5 février 1826.

Nota.

La Savoie, restée long-temps sourde à l'appel que faisaient au monde les partisans d'une nouvelle littérature, a secoué sa léthargie. Depuis 1834 les productions en ce genre ont été nombreuses, les suivantes surtout méritent d'être citées avec éloge :

Duingt, *Menthon* et *Montrotier*, *Esquisses du comté de Savoie*, le *Sanglier de la forêt de Lonnes*, par Jacques Replat; les *Feux-Follets* et *Requiescant in pace* de M. Léon Ménabrea; *une Page de Rêves*, par l'ingénieur Ougier; le *Diguement de l'Isère* du docteur Trezel; les poésies de M. De Juge, etc.

Militaires.

Guillaume de Sonaz et *Guifred d'Allinges* se signalèrent, le premier en 1260, l'autre en 1285 à la tête des chevaliers du Temple.

Amé de Viry, baron de la Perrière, général distingué dans les guerres de France au commencement du 15me siècle.

Odinet de Montfort défendit vaillamment et avec succès le château de Nice assiégé en 1543 par les Français sous le comte d'Enghien, et par la flotte turque commandée par Barberousse.

Charles de Sales concourut à la défense de Candie.

De Boigne (le Comte), né en 1751, à Chambéri, d'une famille peu aisée, entra au service de France en 1768, passa cinq ans plus tard à celui de la Russie, puis dans l'Inde où il devint général des troupes de Madaji Sindiah, prince Maratthe allié des Anglais. La croix blanche de Savoie fut le drapeau de ses troupes, qu'il disciplina à l'Européenne et dont la valeur contribua puissamment à rétablir sur le trône Sha-Allum, empereur du Mogol. Outre son traitement de 6,000 roupies par mois (18,000 fr.), Sindiah devenu premier ministre de l'empereur accorda au général, en récompense de ses services, les vastes contrées situées à l'est de Jumna entre Mutra et Delhi, produisant annuellement 22 lacks de roupies (près de 6 millions), dont une portion fut assignée à l'entretien de l'armée. Au bout de quelques années, la santé de M. de Boigne s'étant altérée, il obtint de se retirer, emmenant avec lui un régiment de cavalerie persanne qui lui appartenait, composé de 600 chevaux, de 100 chameaux, de quatre pièces d'artillerie légère, et qu'il vendit 900,000 fr. à la Compagnie des Indes.

Arrivé à Londres au mois de janvier 1797, il y épousa Mlle d'Osmond, et fixa en 1803 sa résidence dans sa ville natale, où il fit un noble usage de ses richesses, successivement accrues, autant par une suite de spéculations heureuses que par l'accumulation d'une portion considérable de ses revenus. * Il est mort le 21 juin 1830 âgé de 79 ans.

* *Dons faits à Chambéri par M. de Boigne.*

Pour les constructions de l'Hôtel-Dieu (15 octobre 1814), 63,000 fr.
— une place aux Orphelines (1814), 7,000
— un clocher près de *Buisson-Rond*, 5,000
— une fondation de 7 lits à l'Hôtel-Dieu, 4,600
— l'Etablissement de S.-Benoît (21 juillet 1820), 900,000
— la construction du Théâtre (26 avril 1820), 60,000
— la fondation de 15 lits à l'Hôtel-Dieu pour les maladies contagieuses (26 octobre 1822), 175,000
— celles du dépôt de mendicité (11 avril 1830) 649,650
— le pensionnat des Jésuites (1822), 270,000
— la rue Neuve (1822), 300,000
— la restauration de la façade de l'Hôtel-de-Ville, 50,000
— la compagnie des Chevaliers-Tireurs, 25,000
— la fondation de l'Hospice des aliénés, 400,000
— celle des enfans de chœur de la Métropole, 130,000
— la construction de l'église des Capucins, 30,000
— la Société académique de Savoie, 20,000
— secours aux pompiers malades, 24,000
— secours hebdomadaires à 60 prisonniers, 33,000
— les pauvres honteux (1829), 24,000
— les Frères des Ecoles chrétiennes, 3,000
— les Sœurs de S.-Joseph (1829), 3,000
— la bibliothèque et l'Hôtel-de-Ville (1829), 200,000

C'est à tort que quelques détracteurs de son mérite lui ont reproché d'avoir trahi Tippo-Saïb, qu'il n'a jamais servi; la chute de ce prince eut lieu en 1799, et l'on sait que M. de Boigne était de retour en Europe en 1797.

Guillet, général de brigade, né à Chambéri en 1765, fit avec les Français les guerres de la péninsule.

Decoux, général de division, né à Anneci, blessé mortellement le 29 janvier, au combat de Brienne.

Forestier, maréchal-de-camp, né à Aix en 1767, se distingua à la bataille de Médina-del-rio-Secco, à l'armée d'Italie, etc.

Dessaix, (le Comte) lieutenant-général, né à Thonon en 1764, combattit à *Austerlitz*, *Eylau* et *Friedland*, fit les campagnes d'Italie (1809), de Russie (1812), de Savoie et commanda l'armée des Alpes en 1815.

Montfalcon, maréchal - de - camp, né en 1767 au Pont-de-Beauvoisin, se distingua dans la dernière campagne des Alpes.

Pactod (le Comte), lieutenant-général, né en 1764, commanda l'expédition contre Toulon, fit les campagnes d'Austerlitz, de Prusse et de Pologne.

Marthod, major dans les dragons de la garde impériale, né à Chambéri en 1771, fit les campagnes de la révolution à l'armée du Rhin et se distingua à Arcole, à Alexandrie d'Egypte, à Esling, à Wagram, à Madrid et à Moscou où il mourut de ses blessures.

Chastel, né à Thonon en 1772, de simple soldat devint lieutenant-général. Il parut avec éclat au combat de Valmy (1792), à Marengo, à Austerlitz, à Iéna.

Curial (le Comte), général de la garde impériale, pair de France, grand-cordon de la Légion-d'Honneur, né en 1774 à S.-Pierre-d'Albigny, se distingua en Egypte, à Eylau, à Friedland, à Waterloo et dans la guerre de Saxe.

Dupas (le Comte), lieutenant-général, né à Evian, d'abord simple soldat, servit sous Napoléon en Italie, en Egypte, et se fit remarquer aux combats d'Iena et de Friedland.

Songeon (le général), natif d'Anneci, se distingua aussi pendant les guerres de l'empire.

Artistes.

Odoard Viallet, connu en Italie sous le nom de Fialetti naquit en 1573, et devint à Venise un élève célèbre du Tintoret, pendant que son père et son frère aîné occupaient à Padoue des chaires de jurisprudence.

Jean Tasnières, dont les gravures sont recherchées, se distinguait à Turin en 1630.

Jean de Vougy obtint le premier prix au Capitole comme artiste sculpteur en 1708 et 1709.

Lange (Josserme) d'Anneci, élève de l'école de Bologne, membre de l'académie Clémentine, s'attacha à imiter la manière de l'*Albane*. On a de lui plusieurs tableaux de dévotion fort estimés.

Berger de Chambéri, peintre d'histoire, se distingua à Milan et à Rome au commencement de ce siècle.

Peytavin, élève de David, fut choisi pour donner des leçons de dessin à la famille Bonaparte; on peut voir au Musée de Chambéri son grand tableau de *Thésée terrassant le Minautore*.

Moreau d'Anneci, élève de David, excellait dans la peinture à l'huile et en miniature.

Chabord, peintre d'histoire, natif de Chambéri, est fixé à Paris où ses succès lui ont valu de la part du gouvernement français des marques flatteuses d'encouragement.

Barandier de Chambéri, actuellement peintre de l'empereur du Brésil, élève des Ecoles de Paris et de Rome, se distingue par la chaleur du coloris et la vérité de ses portraits.

ANTIQUITÉ.

Il est généralement reconnu que l'ancienne Allobrogie comprenait la partie septentrionale du Dauphiné, les provinces de Savoie propre, du Genevois, de Carouge, le Chablais occidental, le bas Faucigny et la portion du canton de Genève située sur la rive gauche du Rhône.

Une partie de ce pays s'appela sous les empereurs romains *Sabaudia* ou *Sapaudia* du celtique *Sap-Wald* (forêt de sapins), et plus tard *Saboja*, *Savogia* et *Ager Savogensis*.

Les peuples qui l'habitaient étaient en Maurienne les *Uceni*, *Medulli*, *Bramovices* et partie *des Garocelles*. Les *Centrons* occupaient la Tarentaise. Les *Allobroges* s'étendaient de Genève à Vienne en Dauphiné : ils occupaient toute la basse Savoie appartenant à la Gaule viennoise. Les *Nantuates* étaient fixés dans le Chablais oriental et le Bas-Valais.

Les Centrons furent après les Allobroges ceux que les Romains soumirent le plus difficilement.

Les antiquités trouvées à Aix, Albens, Chambéri, S.-Innocent (Ad vicos Edicarum), au Vivier (Vivaria Romanorum), Conflans (Ad publicanos), Faverges

(Casuaria), Moûtiers (Darantasia) prouvent que les Romains avaient formé en Savoie un grand nombre d'Etablissemens.*

PRINCIPAUX FAITS HISTORIQUES.

En 312, Constantin, maitre des Alpes, attaque Maxence son rival et occupe Turin (Augusta Taurinorum). En 413, Gundicar fonde le royaume de Bourgogne auquel il réunit la Savoie; Sigismond, son troisième successeur, se retire dans l'abbaye de S.-Maurice où il porte le nombre des moines à 500. En 773, Charlemagne se rendant en Lombardie traverse le Mont-Joux avec son armée. Gondemar fut le dernier roi de Bourgogne, et la Savoie conquise en 534 par les Francs appartint, jusqu'en 888, aux rois de la 1re et de la 2me race. A cette époque Rodolphe de Strœtlingen, gouverneur de la Suisse occidentale et de la Savoie, se fit couronner par une assemblée d'évêques roi de Bour-

* Les Alpes étaient divisées à cette époque en trois parties : la 1re ou *Alpes Pennines* s'étendait depuis le Grand S.-Bernard jusqu'au Simplon; elle avait une grande voie romaine qui traversait la Suisse et finissait à Mayence. La 2me, ou *Alpes Grecques*, occupait l'espace compris entre le Mont-Cenis et le Grand-S.-Bernard. L'itinéraire d'Antonin y place une voie militaire qui conduisait de Milan à Vienne-en-Dauphiné, capitale de l'Allobrogie. Celle-ci passait par Yvrée, la cité d'Aoste, la Tarentaise; arrivée à Conflans, elle se divisait en deux branches; l'une se dirigeait à droite, traversait le col de Tamié, Faverges, Talloire et Genève; l'autre suivait la rivière d'Isère, passait à Chambéri et aboutissait à Lyon par le Mont-du-Chat. La 3me, *ou Alpes Cotiennes*, s'étendait du Mont-Cenis au Mont-Viso. Elle avait deux voies militaires, l'une qui conduisait de Milan à Arles par le Mont-Genèvre, l'autre à Genève par Suze, Chambéri, Aix et Albens.

gogne, malgré tous les efforts de l'empereur Arnoud. A peu près vers le même temps, les Sarrasins pénétrèrent dans les Alpes où ils se maintinrent jusqu'au commencement du 11me siècle. Ils réduisirent en cendre la ville de S.-Jean-de-Maurienne et l'abbaye de S.-Maurice (Valais) dont tous les moines furent passés au fil de l'épée. (Paul Chaix).

En 1032, Rodolphe III étant mort sans enfans, laissa ses états à Conrad le salique et la Savoie devint partie de l'empire germanique.

Eudes II, comte de Blois et de Champagne, neveu de Rodolphe, voulut s'emparer de cet héritage; il fut favorisé par Gérold, comte de Genève et par l'évêque de Maurienne. Humbert aux-blanches-mains, comte de Maurienne, tint les intérêts de l'empereur et fit échouer leur entreprise. Conrad l'en récompensa, l'an 1034, par la donation du comté de Savoie. C'est ainsi que les Comtes de Maurienne (dont la modeste résidence fut d'abord au château de Charbonnière près d'Aiguebelle) sont devenus la tige de la maison de Savoie qui a fourni 17 comtés, 14 ducs et 7 rois.

En 1060, l'empereur Henri IV accorda à Amédée II la souveraineté du Bugey et d'Aigle. L'an 1207 l'empereur Philippe donna au comte Thomas la ville de Moudon dans le pays de Vaud; depuis cette époque jusqu'en 1264, les possessions de la maison de Savoie, dans cette partie de la Suisse, s'étendirent considérablement. En 1232, le comte Thomas Ier acheta tous les droits des seigneurs de Chambéri, moyennant 32,000 sous forts de Suze. En 1268, la ville de Berne se mit sous la protection de Philippe Ier, comte de Savoie. En 1272, le mariage de Sybille de Beaugé avec Amédée V fit entrer les pays de Bresse et de Beaugé dans la maison de Savoie. En 1401, la race des comtes de Genève s'étant éteinte, Amédée VIII achète pour 45,000 livres d'or (585,000 fr.) les droits d'Oddon-de-Villars et des autres cohéritiers sur cette ville et se trouve maitre de la totalité du comté de Genève.

L'empereur Sigismond le créa duc, le 19 février 1416. Ce ne fut qu'en 1434 qu'il se retira à Ripaille où il institua l'ordre militaire et religieux de S. Maurice. En 1475, il y eut rupture entre Jacques de Savoie, baron de Vaud et les habitans de Berne qui occupèrent la plus grande partie du pays qui lui appartenait jusqu'à l'arrivée de Charles-le-Téméraire.*

En 1559, Emmanuel-Philibert rentre en possession de ses états momentanément occupés par les troupes espagnoles et celles de François Ier. Le traité de Lausanne (1564) conserve le pays de Vaud aux Bernois.

En 1588, Charles-Emmanuel fait la guerre aux Genevois soutenus par le canton de Berne et les officiers Sancy, Guitry, etc., envoyés à leur secours par Henri IV. Les troupes genevoises ayant assiégé le fort l'Ecluse le baron de Sonaz les force à la retraite; mais bientôt soutenues par leurs alliés au nombre de 10,000, elles assiégent Thonon et Ripaille et s'emparent de la flotille que nos princes y entretenaient.

En 1593, le duc de Savoie vint assiéger dans le fort d'Exiles les Français, qui ne se rendirent qu'après avoir soutenu quatre assauts. Deux ans après ce fort fut repris par Lesdiguières. Son gendre Créqui défit

* Le 23 février 1485, fut passé en l'église de S.-Pierre de Rome l'acte par lequel Charlotte de Lusignan fille et héritière de Jean II, roi de Chypre, de Jérusalem et d'Arménie, mariée à Louis, duc de Savoie, lui fit cession de ses Etats.

l'armée du Duc à S.-Jean, et prit le comte de Serraval qui la commandait.

En 1600, Henri IV entre en Savoie et s'empare du fort de Montmeillan où il faillit être tué. [*]

La paix se fit en 1601. Le duc de Savoie, pour conserver le marquisat de Saluces, céda au roi les places qu'il avait prises en Provence, le pays de Gex, la Bresse et le Bugey.

Le 10 décembre 1602, Charles-Emmanuel Ier tente vainement de prendre Genève par escalade.

En 1629, Louis XIII s'empare de Suze et de Pignerol. Anneci résiste à peine au maréchal de Châtillon. Rumilly qui avait refusé de capituler ne doit son salut qu'à l'intervention de Mmes De Peissieux, de cette ville, parentes du maréchal du Hallier. Montmélian, bloqué depuis treize mois, était la seule place qui restât au duc de Savoie en deçà des monts, lorsque Louis XIII lui rendit ses états par le traité de Cherasco (1631).

Victor-Amédée I laissa en mourant la tutelle de ses enfans à sa veuve Christine de France : mais les princes Thomas et Maurice de Savoie la lui disputèrent et introduisirent les Espagnols en Piémont. Le roi de France qui soutenait Christine, repoussa les Espagnols et força le prince Thomas, assiégé dans Turin, à se rendre.

En 1690, Louis XIV croyant que le duc de Savoie s'était engagé contre lui dans la ligue d'Augsbourg, une armée française, commandée par le marquis de

[*] « Etant venu à Aix il se baigna et lava, dit Cabias, l'espace » d'une heure dans l'Eau d'alun avec autant de plaisir et de con- » tentement comme s'il eut joui du plus grand plaisir du monde, » Ce qu'il témoigna disant que tous les bains et étuves des baigneurs » de Paris et de France, et même de l'Europe, ne valaient rien » au regard de ceux-ci. »

S.-Ruth, réduisit presque toute la Savoie. Anneci, vivement défendu par le comte de Sales fut emporté d'assaut. L'année suivante Catinat forma le siége de Montmélian qui n'accepta une honorable capitulation qu'après avoir soutenu un blocus de 15 mois, une horrible disette et trente-trois jours de tranchée ouverte.

En 1696, le duc de Savoie fit la paix avec Louis XIV. Mais cette paix fut de nouveau rompue en 1703. L'armée française, sous les ordres du duc de la Feuillade, après avoir soumis la Savoie et démantelé le fort de Montmélian, entreprit, en 1706, le siége de Turin. Ses forces se composaient de soixante mille hommes et d'innombrables munitions de guerre.

Victor-Amé II, ayant fortifié sa capitale et laissé le comte de Thaun à la tête de la garnison, s'était retiré avec sa cavalerie dans les vallées vaudoises où il attendait les secours du prince Eugène de Savoie qui commandait les troupes impériales. Pendant trois mois la ville fut bombardée et plusieurs assauts donnés à la citadelle. Cependant Turin était aux abois quand le prince Eugène parut. Il avait, par une marche savante, réussi à traverser la Lombardie, malgré l'armée du comte de Marsin qui couvrait le siége, et il se joignit au duc de Savoie. Tandis que la réunion des deux généraux français portait leurs forces à 80,000 hommes, Eugène qui n'en avait que 30,000 attaqua, le 7 septembre, les lignes ennemies qui furent battues et mises en déroute après avoir perdu 8,000 hommes, 6,000 prisonniers, 210 bouches à feu, 10,000 chevaux et un matériel immense. C'est pour accomplir un vœu et perpétuer le souvenir de cette victoire mémorable que Victor-Amédée fit bâtir l'église de *Superga* sur les hauteurs qui dominent Turin.

A la paix d'Utrecht (1713), le duc de Savoie recouvra tout ce que les Français occupaient encore en Savoie et en Piémont.

Par suite de la guerre qui divisa l'Europe pour la succession de l'empereur Charles VI, Charles-Emmanuel III s'étant déclaré pour le grand-duc de Toscane contre les Espagnols, ceux-ci s'emparèrent de la Savoie qu'ils occupèrent depuis 1742 jusqu'à la paix d'Aix-la-Chapelle (1748).

Le 22 septembre 1792, le général Montesquiou entre en Savoie. Ce pays est réuni à la république française sous le nom de département du Mont-Blanc. Quatre commissaires sont chargés par la *Convention* de l'organiser.

Dans toutes les communes est affichée la proclamation suivante :

LIBERTÉ, ÉGALITÉ.

De la part de la nation française, guerre aux despotes, paix et liberté aux peuples.

L'assemblée populaire formée de tous ceux qui avaient adopté les principes de l'époque, prend le nom d'*Assemblée nationale des Allobroges* et ouvre ses séances dans la cathédrale de Chambéri. Ce nouveau pouvoir décrète l'abolition des priviléges, du droit de main-morte, des taillabilités et de toute juridiction seigneuriale, droits qui se trouvaient déjà éteints dans les deux tiers des communes de la Savoie. Le culte de la déesse de la raison est établi. Un des commissaires de la convention nommé *Albite* fait abattre les clochers dans toute la Savoie, exige des ecclésiastiques une déclaration par laquelle ils renonçaient à ce qu'il appelait le *métier* de prêtre, et décrète l'arrestation de tous les nobles depuis l'âge de 18 jusqu'à 70 ans.

Dans l'été de 1793 le roi de Sardaigne, de concert avec l'Autriche, fait une tentative pour recouvrer la Savoie.

Trois colonnes piémontaises débouchent par le Mont-Cenis, le Petit S.-Bernard et le col de la Seigne. Les habitans de la Maurienne, de la Tarentaise et du Faucigny prennent spontanément les armes, repoussent les Français et marchent sur Chambéri; mais le général Kellermann les force à rétrograder. Les troupes austro-sardes sont battues à Exilles, à Fénestrelles et au Mont-Genèvre; Bonaparte pénètre en Piémont au mois d'avril 1796. Le roi de Sardaigne, abandonné de ses alliés, demande la paix qui est signée à Paris, le 13 mai, à de dures conditions. Victor-Amédée ne survécut que six mois à ce malheureux traité. Il laissa la couronne à son fils Charles-Emmanuel IV qui se retira en Sardaigne, et la céda le quatre juin 1802 à son frère Victor-Emmanuel.

La bataille de Marengo livre à la France tout le Piémont qu'avaient envahi les troupes austro-russes. Napoléon fait exécuter en 1805 la belle route du Mont-Cenis qui augmente la prospérité des peuples de l'un et l'autre côté des Alpes.

Lorsqu'en 1813 les souverains alliés entrèrent en France, ils accueillirent le vœu de la Savoie pour le rétablissement de son ancienne dynastie.

Par le traité de Paris du trente mai 1814, la France avait conservé Chambéri et une grande partie de l'ancien duché : mais, par le traité de Vienne (9 juin 1815), le roi de Sardaigne recouvre toute la Savoie, à l'exception de Carouge et de quelques villages cédés à la république de Genève. Pour conserver à jamais la mémoire de cet événement, on a frappé une médaille ayant pour légende : *Iterùm Felix*, et au revers :

REGI
VICTORIO-EMMANUELI
P.-P.
AVITAM DITIONEM ADEPTO
SABAUDIA RENASCENS.
XX. NOV. MDCCCXV.

Un des premiers actes du roi fut de supprimer l'impôt des droits réunis, celui des portes et fenêtres, celui de la patente, la rétribution universitaire, et de diminuer ceux du timbre et de l'enregistrement.

En 1821, des troubles ayant éclaté à Turin, Victor-Emmanuel préfère abdiquer plutôt que d'accepter la *constitution* qui lui était offerte. Au milieu de la défection des troupes, la brigade de Savoie repousse avec indignation les propositions de révolte qui lui sont faites. Charles-Félix accepte enfin la couronne qu'il avait d'abord refusée de son frère ; il comprime les factions, marche dans les voies d'améliorations introduites dans ses Etats et montre, pendant tout son règne, beaucoup de sagesse et de fermeté. Il est mort le 27 avril 1831, sans postérité, laissant le trône au prince *Charles-Albert de Carignan*. Son corps repose à Haute-Combe, où il avait relevé à grands frais les tombeaux de ses ancêtres, renversés par le vandalisme révolutionnaire.

NOMS DES PRINCES DE LA MAISON DE SAVOIE

AVEC LA DATE DE LEUR AVÉNEMENT.

COMTES.

1022 Humbert Ier, aux Blanches mains.
1048 Amédée Ier, la Queue.
1050 Oddon.
1060 Amédée II.
1080 Humbert II, le Renfort.
1103 Amédée III.
1149 Humbert III.
1188 Thomas.
1223 Amédée IV.
1253 Boniface, dit Roland.
1263 Pierre, dit le Petit Charlemagne.
1268 Philippe Ier.
1284 Amédée V, le Grand.
1293 Edouard.
1329 Aymon, le Pacifique.
1343 Amédée VI, le Comte Vert.
1383 Amédée VII, le comte Rouge.

DUCS.

1392 Amédée VIII.
1451 Louis.
1465 Amédée IX, le Bienheureux.
1472 Philibert Ier, le Chasseur.
1482 Charles Ier.
1489 Charles II.
1496 Philippe II.
1497 Philibert II, le Beau.

1504 Charles III, le Bon.

1553 Emmanuel-Philibert, Tête-de-Fer.

1580 Charles-Emmanuel Ier, le Grand.

1630 Victor-Amédée Ier.

1637 François-Hyacinthe.

1638 Charles-Emmanuel II.

ROIS.

1675 Victor-Amédée I.

1730 Charles-Emmanuel III.

1773 Victor-Amédée III.

1796 Charles-Emmanuel IV.

1802 Victor-Emmanuel.

1821 Charles-Félix.

1831 Charles-Albert, lequel a deux fils, savoir : le *Duc de Savoie*, Victor-Emmanuel-Marie-Albert-Eugène-Ferdinand-Thomas, né le 14 mars 1820, et le *Duc de Gênes*, Ferdinand-Marie-Albert-Amédée-Philibert-Vincent, né le 15 novembre 1822.

COUP-D'ŒIL SUR L'ANCIENNE LÉGISLATION.

En soumettant les peuples des Alpes les Romains leur apprirent à connaître leurs lois qui servirent de bases à celles de notre pays : mais les coutumes et usages furent pendant long-temps ceux qu'y introduisirent les Francs et les Bourguignons.

Bien que le gouvernement fut monarchique, les lois n'étaient modifiées que sur l'avis des trois Etats : le clergé, la noblesse et la bourgeoisie. Jusqu'au règne d'Emmanuel-Philibert il exista des assemblées nationales où l'on entendait les plaintes des communes et des particuliers contre les abus du pouvoir. Le public était averti que tous ceux qui auraient des griefs, soit contre les juges soit contre leurs officiers, eussent à les exposer pendant la durée des assises. On infligeait sur-le-champ aux coupables les peines prononcées par les lois, un procès-verbal en était dressé et le *tableau moral* de tous les employés de l'ordre judiciaire restait entre les mains du sénat.

Les ordonnances du prince n'étaient mises à exécution qu'après l'*homologation* ou *entérination* du sénat dont les fonctions se rapprochaient, sous certains rapports, de celles des parlemens de France. On institua dans la suite une magistrature particulière sous le titre d'*Avocat des pauvres* chargée de défendre gratuitement les indigens ; institution sublime, dit Verneil, digne de figurer dans les annales de toutes les nations.

En 1251, Amé VI institua, pour régler les finances, une Chambre des comptes, d'abord ambulatoire, qui suivait le prince; puis fixée au château de Chambéri de 1560 à 1720, époque de sa translation à Turin.

Amédée VIII, premier duc de Savoie, publia, le 14 juin 1430, un code de lois sous le nom de *statuts*. Ce code, augmenté principalement par Amédée IX, Victor-Amédée, Charles-Emmanuel III et promulgué à diverses époques, mais toujours sous le titre de *constitutions*, régit les Etats jusqu'à la promulgation du code civil Charles-Albert, en vigueur dès le 1er janvier 1838 Cette première partie d'un nouveau système de législa-tionf ut suivie du code pénal qui a force de loi dès le 15 janvier 1840.

Un juste-milieu de sagesse présida toujours aux lois

du pays, de même qu'aux règles de la discipline ecclésiastique. Les évêques n'étaient institués par le pape que sur la nomination ou présentation du roi. Les brefs de Rome ne pouvaient recevoir d'exécution en Savoie qu'après l'examen et l'approbation du sénat qui maintint les libertés de l'Eglise gallicane, et refusa de reconnaître le tribunal de l'Inquisition.

Les codes municipaux des villes et bourgs de la Savoie avaient, selon Grillet, beaucoup d'analogie avec les statuts des premières républiques italiennes. La confiscation des biens d'un coupable n'avait jamais lieu. Le serment était admis en preuve et la peine de mort, sauf pour homicide, n'était prononcée contre aucun crime.

Voici, d'après le même auteur, quelques dispositions singulières du *tarif* criminel. On payait trois sous, lorsqu'on frappait quelqu'un ; 40, si on lui fracassait un membre ; 10, lorsque, en se querellant, on s'arrachait les cheveux avec les deux mains ; 5, si on ne s'était servi que d'une seule. Les coups de bâton étaient taxés [illegible]0 sous ; les coups de pieds aux jambes, 10 livres (environ 12 fr.), sans doute parce que les blessures qui en résultent guérissent plus difficilement. L'homme adultère était condamné à 60 sous ; la femme, à trente ; mais le mari avait le droit de la bâtonner ou de la souffleter à son gré. Les usuriers étaient regardés comme infâmes et privés de la sépulture religieuse.

D'après les *lois somptuaires* publiées par Amé VIII (1430), le prince ne pouvait porter l'habit ducal qu'une fois l'an. Les médecins et les avocats ne devaient pas se vêtir d'étoffe plus précieuse que le damas sans dorure. Les habits longs, les souliers pointus étaient défendus aux simples bourgeois. La peau d'agneau était la seule fourrure permise aux artisans. La mise des femmes était réglée d'après la fortune de leurs maris. Les vins étrangers étaient bannis, même des repas de noces. La sagesse des dispositions législatives de notre pays avait frappé M. d'Argenson, ancien ministre de France, ce qui lui faisait dire que la monarchie de Savoie était comme un *état tiré au cordeau où tout se ressentait de la propreté des petits ménages.*

Le gouvernement politique de la Maison de Savoie a eu pour résultat l'agrandissement uniforme et graduel de ses Etats ; ce qui est remarquable dans cette succession de 35 souverains, c'est qu'au milieu des secousses violentes et des agitations presque continuelles des puissances voisines, ils aient su maintenir et faire respecter, pendant huit siècles, leur indépendance et leur autorité.

Vu : est permis d'imprimer,

Anneci, le 1 juillet 1841,

le J.-M. FREZIER.

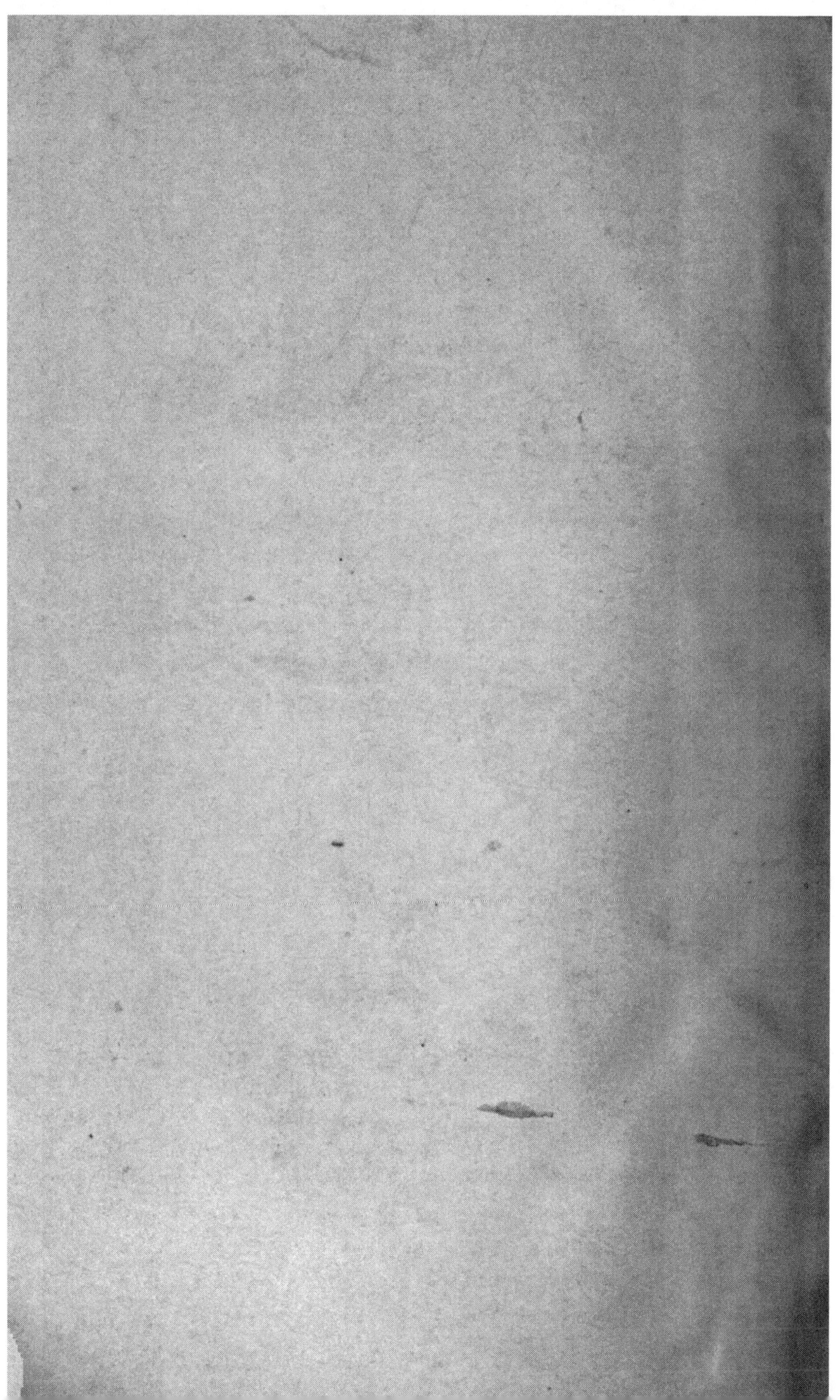

www.ingramcontent.com/pod-product-compliance
Lightning Source LLC
LaVergne TN
LVHW061941220826
846091LV00011B/4063

* 9 7 8 1 2 4 9 9 2 9 4 3 7 *